食べ物の民俗考古学

木の実と調理道具

名久井文明 [著]

吉川弘文館

まえがき

　縄は縄紋時代草創期から現代まで1万数千年の長きにわたって使われてきた。出土遺物に残されたその痕跡は主として土器を装飾する縄紋だったり撚糸紋だったりするが，時には縄や糸の現物も発掘される。すると自然科学者によって素材が同定され，発掘調査報告書（以下，報告書）にはその繊維が得られた植物名が記載される。ところが，その繊維が植物からどのような方法で取り出されたか説明されることはない。

　また，よく知られているように縄紋時代以降の各地の遺跡からクリ，「どんぐり」，トチの実などが発見される。しかしそれらの実や皮の様子についてはわかっていないことが多い。例えば崩れかかった皮に包まれた状態で発掘されたクリや「どんぐり」がある。それに対して圧倒的に多いのが完全な剝き身の状態で発見された実である。皮の方も一様でなく，「どんぐり」やトチ皮のように，表面に少しも傷がついていないのに中身だけが消滅しているものがあるかと思えば，トチ皮のように大破片が出土する遺跡がある一方，粉々になった細片しか発掘されない遺跡もある。このような各様の変化を見せる実や皮の差異が自然現象によったものか，何らかの人為的な働きかけによったものか，報告書で触れられることは決してないのである。

　もう一つ。縄紋時代以降の各地の遺跡から，しばしば「どんぐり」の「へそ」が発掘される。「へそ」というのは「どんぐり」が樹上にあるとき帽子と密着していた部分のことで，周囲と色が違う円いところ。この円盤の部分が皮から分離した状態で，時には1遺跡から2桁に及ぶ数が発掘されることがあるが，報告書はそれを「コナラ属へそ」と記載するだけである。つまり円盤状の「へそ」が何故に分離したのか，それが自然現象によるのか人為的な作用を受けた結果なのか，そこを説明する報告書は皆無である。

　あるいは縄紋時代晩期の亀ヶ岡式土器で，緻密な彫刻が施された小型の土器の割れ目を観察すると粒子がきわめて微細，均質で混じり気がない。縄紋時代

まえがき　　*i*

人がどのような方法で粘土を精製したか，その方法を説いている報告書も見たことがない。

　いま挙げた，報告書で素通りされている諸技術は，じつはどれも民俗事例を参照すると容易に説明できることなのだが，それが報告書に掲載されないところに現代日本考古学の特徴がよく現れている。すなわち現行の考古学で研究の対象とされるのは，あくまでも発掘された遺構や遺物そのものであって，遺物の成立に関与した当時の人々の技術とか知識といった生態に及ぶところは必ずしも注視すべき対象になっていないのである。

　遺物が実在しているのに，それを成立させた背景の読み取りが行われないぐらいだから，遺物が発見されない領域の研究が行われないのは当然ということになる。一例を挙げると後期旧石器時代人が使ったかも知れない運搬具についてだが，彼らはまだ定住生活をしておらず，獲物を追いながら狩猟，漁労，採集の生活をしていた。彼らは石器を作る適材を求めて，時には100㎞を超える遠方まで出かけて原石を運んで来る場合があったことが明らかになっているし，宿営地で加工した製作途中の石材を携えて移動したことも判明している。そんな彼らが時には乳飲み子を連れながら，必要な諸物品のすべてを素手で運んだと考えるのは実際的でないから，その運搬手段については編み袋や籠を作り，肩に掛けたとか背負ったとか腰に付けたと考えるのが合理的である。しかしその証拠となる遺物は欠けらも発見されていない。そのため後期旧石器時代人が籠類や編み袋を使ったであろうことに疑念をもつ研究者は，たぶん一人もいないに違いないが，だからといってそれを研究する人もまた一人もいないのである。

　遺物が発見されない例をもう少し挙げてみる。縄紋時代人が石鏃の先に塗ったかも知れない矢毒，仕掛け弓，くくり罠，川魚を捕るために川面で揉み出したかも知れない樹皮の毒，薬草，草木染，昆虫食，冬季の寒気を利用した食料の凍結乾燥技術などは民俗（族）事例から類推すると縄紋時代以降にも十分あり得たと自分は思う。しかしその証拠となる遺物は発見されない。遺物が発見されないから研究できないというのは，じつに簡明な論理だが，そこに表れているのは，発掘された遺物の形成に関わった当時の人々の知識や技術に正対する方法論をもたない現行の考古学研究法の限界である，と，自分は思う。

自分が，民俗事例を参照すると出土遺物が形成された背景が理解できる場合があることに気付いたのは，時代が平成に代わる少し前だった。当時，縄紋時代人の生活実態に少しでも肉薄したいと思っていた自分は，日本人が普通に米を食べるようになる前の生活用具について理解を深めたかった。そこで岩手県の太平洋側に位置する北部北上山地の奥まった集落を訪ねては，米以外の穀物を主食のようにして暮らした古老たちにお会いして，畑を耕してから種を播き，刈り取ってから口にするまで，どんな道具をどんな手順で使ったか，実際に使った諸道具を見せてもらいながら，その語ってくださることを記録していたのである。自分が話を聞いた古老たちが盛んに働いたのは，自家用車の普及はおろか農作業も機械化される前の大正時代末から昭和20年代後半ぐらいまでのことだった。彼らは山間の傾斜地に開いた畑を身一つで耕し，オオムギ，コムギ，ヒエ，アワ，ソバ，タカキミ（モロコシ），イナキミ，ダイズといった穀物を播きながら，牛を飼い，炭を焼き，カイコを養い，時には山稼ぎしながら懸命に働いて現金収入を図り，家族を養った。そうして実りの秋を迎えたとしても不作の年だってある。それに昔はどこの家でも家族が多かったので，子どもが成長して伸び盛り，食い盛りになると穀物が不足してくることは珍しくなかった。それでも夏まで持ちこたえるとムギやソバが収穫できて一息つけるが，その前に穀物の残量が心配になるのが目に見えていたから，人々は限られた穀物を少しでも食い延ばそうと普段から工夫するのが当たり前だった。そんな彼らの助けになったのがクリやミズナラ，コナラ，トチといった木の実だったというのである。その利用方法を聞いてみると長期備蓄を図るときは乾燥するとか，その皮はこのようにして除くとか，「あく抜き」はこのようにしたとか，山間部で暮らすための生活技術の広範かつ奥深い知識には心の底から感嘆したのであった。

　そんなことを話してくれる古老たちが使った農具小屋とか，脱穀などを行った作業場，昔，ウシを飼っていた厩などの壁には，使い込んだ樹皮製品が掛けられていることは珍しくなかった。さすがに樹皮製の蓑はもう着ることはないとのことだったが，シナノキの樹皮で作った荷縄やサワグルミの樹皮で作った箕，ヤマブドウの蔓皮で作った背負い籠などは現役だった。北上山地のあちこちで話を聞いてみると，身に付けるものばかりでなく各種の生活用品を樹皮で

作ったという。昔作ったことがある物なら今でも作れると語る古老によると，どんなものを作りたいかによって選ぶ木も樹皮の採り方も違うという。

　古老が語るそんなことを伺いながら，自分は各地の遺跡から発掘されているクリやトチや「どんぐり」，あるいは樹皮製品やその破片のことを思い出していた。古老の話をよく理解したうえで出土遺物を観察したなら，あの遺跡のクリやトチや「どんぐり」がどのような処理を経たものか，あるいはあの遺跡の樹皮製遺物の素材はどんな季節に，どのような採り方をしたものか理解できるのではないか，といった，それまで考えたこともなかった着想が次々に浮かんだ。

　注意し続けると，数千年を超える時空間を隔てた出土遺物と民俗事例との間に文化的関連性が疑われる例が少しずつ増加してきた。それらは単なる偶然に過ぎないのか，それとも然るべき理由があってのことか，思いあぐねて先人たちの研究を繰って見ても，考古資料と民具や民俗的技術との関連性を真正面から取り上げた論考を探し当てることは，ほとんどできなかった。もしかしたら，自分はいま考古学研究者が誰も着手していない未開拓の研究領域を垣間見ているのではないか。山深い小さな集落に住んで，父祖伝来の技術や知識を自分に教えてくださる古老たちは，ひょっとしたら縄紋時代人の文化を受け継いだ「作り部」とも言える直系子孫なのではないかといったことが，しきりに思われたのである。

　自分は，そんな古老たちが語る技術や知識が，出土遺物を理解するうえでこの上なく有効であることを何度も実感する中で，おぼろに見えてきた幾つかのことを「もう一つの考古学に向けて」と題して発表した（名久井文明・名久井芳枝2001：293〜305頁）。それ以来，民俗事例と出土遺物との間の文化的関連性が疑われる例に注意し続けると，その例は増えることがあっても減ることはなかった。出土遺物に残された文化的痕跡を理解するうえで可及的近縁の民俗事例を参照して推察する全く新しい考古学研究法が有効であることは間違いないと思われたので，一書を著して「民俗考古学的研究方法」が成立し得ることを主張した（『伝承された縄紋技術―木の実・樹皮・木製品―』吉川弘文館，2012年。以下，前掲拙著と記す）。

　その後も調査を続けた結果，これまでの発表を補強し得たり，新たなテーマ

についての考えをまとめたりすることができたので，前掲拙著以後の研究成果を発表することにしたのが本書および姉妹編の『生活道具の民俗考古学―籠・履物・木割り楔・土器―』である。その内容は目次に見るとおりだが，すべてのテーマに共通しているのは出土遺物やその周辺を理解する手段として民具学や民俗学の研究成果を参考にしていることである。自分がこの方法を採ったのは，現行の考古学研究法によっているかぎり思考停止を余儀なくされる研究領域でも，この方法によって解明されることが幾度もあったからである。自分はその経験を通して，日本考古学には民俗学や民具学の研究成果を参考にする研究方法が必要であると確信し，本書の最後に「民俗考古学的研究方法」の名で一章を設けた。

目　　　次

まえがき

第1章　食料の乾燥処理，備蓄 ……………………………………………… *1*

はじめに …………………………………………………………………………… *1*

第1節　クリの乾燥，備蓄 ………………………………………………… *1*

　1　縄紋時代例と現代例を結ぶ「搗栗」………………………………… *1*

　2　クリに針で糸を通し，下げて乾燥させる文化 …………………… *9*

　3　1万3000年前の人が作った搗栗──再現実験から ……………… *13*

　4　クリの「いが剝き」………………………………………………… *23*

　　ま　と　め ……………………………………………………………… *26*

第2節　「どんぐり」の乾燥，備蓄 ……………………………………… *26*

　1　民俗事例に見る「どんぐり」の「乾燥処理」…………………… *26*

　2　「乾燥処理」の証拠──発掘された「どんぐり」の剝き身 …………… *29*

　3　「乾燥処理」のもう一つの証拠──発掘された「どんぐり」の「へそ」…… *32*

　　ま　と　め ……………………………………………………………… *34*

第3節　トチの乾燥，備蓄 ………………………………………………… *34*

　1　発掘されるトチ利用の痕跡と民俗事例 …………………………… *34*

　2　民俗事例に見るトチの備蓄形態 …………………………………… *35*

　3　発掘されたトチの態様が意味するもの …………………………… *37*

　　ま　と　め ……………………………………………………………… *43*

第4節　炉上の乾燥空間利用 ……………………………………………… *43*

　1　乾燥された木の実が発掘された場所 ……………………………… *43*

　2　民俗事例に見る炉上の乾燥空間利用 ……………………………… *44*

　3　縄紋時代以降の乾燥用具推察 ……………………………………… *49*

　　ま　と　め ……………………………………………………………… *51*

第2章　木の実を搗いた「搗き台石」……………………………………53

はじめに……………………………………………………………………53

第1節　縄紋時代の石臼…………………………………………………53

　1　縄紋時代中期の大集落で使われた石臼……………………………53

　2　臼の機能を分解する…………………………………………………55

第2節　「搗き台石」の諸態様…………………………………………56

　1　「多窪み石」は「搗き台石」………………………………………56

　2　石皿と表裏を使い分けた多窪み石型の「搗き台石」……………59

　3　石皿と表裏を使い分けた凸面利用型の「搗き台石」……………60

　4　凸面磨耗を残した「搗き台石」……………………………………63

第3節　旧石器人が残した小さなサークル……………………………66

　　　　　——旧石器時代にもあった「搗き台石」

ま　と　め………………………………………………………………72

第3章　硬い木の実や種を割った石器………………………………73

はじめに……………………………………………………………………73

第1節　民俗事例に見るクルミの利用…………………………………73

　1　採取から保存まで……………………………………………………73

　2　中身を取り出して殻を始末するまで………………………………74

第2節　硬い木の実を割った鉄器以前の石器…………………………76

　1　台　　　石……………………………………………………………77

　2　敲　き　石……………………………………………………………82

ま　と　め………………………………………………………………87

第4章　「あく」抜き技術の開発史…………………………………89

　　　　　——試論

はじめに……………………………………………………………………89

第1節　4種に分類される民俗事例の「あく抜き」技術……………89

　1　「あく抜き」技術の全体像…………………………………………89

目　次　*vii*

2　民俗事例に見る「あく抜き」技術と適用される植物……………………*104*

　第2節　「あく抜き」技術の起源探究……………………………………*104*

　　1　物質文化の発達段階から想定する「あく抜き」技術……………*104*

　　2　後期旧石器時代に「あく抜き」技術はあったか…………………*113*

　ま　と　め……………………………………………………………………*115*

第5章　甑以後のこと……………………………………………………*117*

　は　じ　め　に…………………………………………………………………*117*

　第1節　甑　の　終　焉………………………………………………………*117*

　　1　「終末期の甑」とその使用方法…………………………………*118*

　　2　古代の史料に見る木製こしき──「檜」………………………*124*

　　3　底板の位置が不自然に高い民具の［こしき］…………………*126*

　　4　民具から類推される平安時代の木製［こしき］………………*129*

　第2節　さ　な　蒸　し………………………………………………………*135*

　　1　「さな蒸し」に使われる民具……………………………………*135*

　　2　発掘された「さな蒸し」関連遺物………………………………*138*

　ま　と　め……………………………………………………………………*140*

終章　民俗考古学的研究方法……………………………………*141*

　は　じ　め　に…………………………………………………………………*141*

　第1節　濱田青陵が将来した考古学研究法の限界…………………………*141*

　第2節　民俗考古学的研究方法………………………………………………*145*

　あ　と　が　き…………………………………………………………………*155*

　引　用　文　献…………………………………………………………………*158*

挿図・挿表目次

第1章　食料の乾燥処理，備蓄

図1-1　発掘された縄紋時代の搗栗　*3〜4*

図1-2　岩手県岩泉町の搗栗　*8〜9*

図1-3　糸を通して干すクリ（再現写真）　*10*

図1-4　縄紋時代後期の貫通孔ある搗栗　*13*

図1-5　縄紋時代草創期の貫通孔ある搗栗　*14*

図1-6　クリに残る貫通孔の由来を探る実験　*18〜19*

図1-7　食品に糸，紐を通して乾燥させた例　*21〜22*

図1-8　「いが剥き」と推測される出土木製品　*25*

図1-9　民俗事例の「すだみ」（ミズナラ，コナラの剥き身）　*28*

図1-10　乾燥処理された証拠——発掘された皮付きの「どんぐり」　*29*

図1-11　乾燥処理された証拠——発掘された剥き身の「どんぐり」　*30*

図1-12　乾燥処理された証拠——発掘された「へそ」　*32〜33*

図1-13　乾燥処理された証拠——発掘された皮付きのトチ　*38〜39*

図1-14　乾燥処理された証拠——発掘された剥き身のトチ　*40〜41*

図1-15　実験的に得たトチの剥き身　*42*

図1-16　青森県近野遺跡出土木組遺構　*42*

図1-17　日向に広げられた「どんぐり」　*45*

図1-18　民俗事例に見る炉上の乾燥空間利用　*46〜47*

図1-19　乾燥用の「入れもの」——出土例と民具　*50〜51*

表1-1　搗栗の出土例と史料の時代的重複　*7*

表1-2　住居跡から木の実が発掘された遺跡　*44*

第2章　木の実を搗いた「搗き台石」

図2-1　縄紋時代の石臼　*54〜55*

図2-2　多窪み石　*57〜58*

図2-3　石皿と表裏を使い分けた多窪み石型の「搗き台石」　*59〜60*

図2-4　石皿の裏面を使った凸面利用型の「搗き台石」　*61〜62*

図2-5　樹皮筒を用いた実験用具　*63*

図2-6　凸面摩耗を残した「搗き台石」　*64〜65*

図2-7　旧石器時代の「搗き台石」と石杵　*67〜69*

第3章　硬い木の実を割った石器
図3-1　クルミを割る台と石　75
図3-2　縄紋時代以降の人々が使った，硬い木の実や種子を割った台石　78〜80
図3-3　硬い木の実を割った旧石器時代の台石　81〜82
図3-4　硬い木の実を割った敲き石　84〜85
図3-5　硬い木の実を割った旧石器時代の敲き石　86〜87

第4章　「あく抜き」方法の開発史──試論
図4-1　ソテツ　90
図4-2　ワラビの澱粉を取った民具の［根ぶね］と［根打ち槌］　94
図4-3　カシワの「はな（澱粉）取り系あく抜き」　97〜100
図4-4　宮崎県王子山遺跡出土炭化物出土土坑　106〜107
図4-5　搗き潰されたトチの細かな皮　110
図4-6　発掘されたトチの大きな皮　112
表4-1　民俗例に見られる「あく抜き」技術と適用される植物　104

第5章　甑以後のこと
図5-1　終末期の甑　118〜119
図5-2　堝と組み合わされた「終末期の甑」　120〜123
図5-3　底板の位置が高い民具の［こしき］　127〜128
図5-4　古代の「刳り貫き型こしき」（推定）　129
図5-5　民具の「刳り貫き型こしき」　130〜132
図5-6　底板の位置が高い曲げ物製［こしき］　134
図5-7　民具に見る［こしき台］と［さな］の一種　136〜137
図5-8　発掘された［こしき台］　139〜140

第1章　食料の乾燥処理，備蓄

は じ め に

　縄紋時代以降の諸遺跡から，皮が除かれたクリや「どんぐり」，皮が付いたままのトチの実等が発掘されることがある。民俗事例を参照すると，それらは「乾燥処理」された証拠であり，当時の人がそれらの皮を除いた方法も民俗事例から判明する。また，それらの出土状態は，住居の炉上が縄紋時代草創期の早い段階から食料の乾燥，備蓄のための重要な空間だったことを示唆する。

第1節　クリの乾燥，備蓄

　クリは「あく抜き」を必要としないから旧石器時代から食料に加えられてきたに違いないが，証拠のうえではっきりするのは縄紋時代からである。しかし考古学界におけるクリの扱いは表面的なところで留まっており，当時の人々の食料の一端を示すものと見るのが精々である。ところがクリを利用してきた民俗事例を参照すると，遺跡にクリを残した人々が意図したことや，そのために行った具体的な作業手順まで理解できることは以下に述べるとおりである。

1　縄紋時代例と現代例を結ぶ「搗栗」

（1）搗栗を作る民俗的事例と発掘されたクリ

　リアス式海岸として知られている岩手県の太平洋岸には急峻な崖が迫った所が多いが，その景観を作り上げているのは南北に走る北上山地である。木々が葉を落とし，遠い山々が白くなったころ，その奥まった集落では日当たりの良い庭先で臼，杵を使う人が出てくる。通りかかった近所の人が「何，やってました？」と訊くと，「いま，栗，押していました」などと応える光景は，昔はごく普通に見られた。その人は日向に広げてカラカラになるまで干したクリを臼，杵で搗いて皮を除こうとしていたのである。押して作るのが「押し栗」。

自分は，古老からその作り方を教えてもらった後，店で買ったクリを日向で十分に乾燥させ，臼，杵で静かに搗いてみた。それで理解したのは，振れば音がするものが出てくるほど乾燥させた干栗を搗くと堅い皮が破れて剝き身が容易に得られること，焦げ茶色や褐色をしている剝き身の表面には必ず「しわ」が刻まれていることだった。その剝き身には完全な形を保っているものもあるが，臼で搗いたときの力加減で半分以下に割れたり砕けたりした欠けらも混じっている。自分は，その独特の外観と質感を備えた剝き身のクリを見て，これは国語辞典にも載っている「搗栗」に間違いないと理解した。ちなみに手元の国語辞典で「搗栗」を引くと，「栗の実を殻のまま干して，臼で搗き，殻と渋皮とを取り除いたもの」で，押栗，あまぐり，ともいうと説明されている。

　そのようにして作る「搗栗」と発掘された剝き身のクリとの関連性について，自分が初めて言及したのは昭和時代の末だった。当時，仕事の関係で雑穀を播いてから口に入れるまでの手順を調査していた際，刈り取った穀物が必ず乾燥処理されてから脱穀の段階へと移ることを知っていたので，クリもまた乾燥処理されてから皮を除くという，その共通点が興味深かったのである。少し長くなるが，当時まとめた『岩手の雑穀』の中に書いたのは次のようなことだった。

　「乾燥という目に見えない行為を跡づける手掛かりは少ないが，ここでは山形県押出遺跡で拝見させていただいた栗の実のことを述べる必要がある。有機質の資料を多数出土したことで著名なこの縄文時代前期の遺跡からは栗の実も表皮も発見されているが，真っ黒に変色した果肉も検出されている。興味深いのはその表面のようすで，渋皮がきれいに除かれており，果肉の表面のしわが明瞭に観察できる例があった。このことは，縄文人が乾燥させてから皮をむく効果を熟知していたことを示す証拠として重要である。すなわち彼らは栗の実を一度湯に通すか蒸かした後，十分に乾燥させてから搗くか叩くかして簡単に皮を取り去ったのである。これは北部北上山地で言う「押し栗（搗栗）」の製法で，この方法によれば渋皮ごときれいに除去されることは容易に実験出来るところである。北部北上山地に限らず，ミズナラ，コナラを食べてきた先人たちもこれらを一度湯に通し，火棚の上で乾燥させてから臼で搗いて皮を除いた。このようにして皮を除く方法は，おそらく縄文時代以前の遥かな昔から受け継がれた方法であったと思われる」（岩手県立博物館編 1989，原文のまま）。

図1-1 発掘された縄紋時代の搗栗

1 縄紋時代早期 静岡県元野遺跡(沼津市教委所蔵,沼津市教委編1975)

2 縄紋時代中期 長野県藤内遺跡(井戸尻考古館所蔵,藤森編1965)

3 縄紋時代後期 宮崎県松山遺跡(えびの市教委所蔵,えびの市教委編1997)

　上記のように述べた剝き身のクリは縄紋時代草創期から平安時代までの,北海道から南九州におよぶ諸遺跡から発掘されている。その外見的特徴は図1-1に示した出土例によく現れているように皮が全く認められず,表面には明瞭な「しわ」が寄っている。丸のままの「剝き身」もあるが大小の欠けらもあって,色は黒い。

　図1-1のような発掘された剝き身のクリを「搗栗」と見極めた最初の考古学者は慶応義塾大学教授だった江坂輝彌さんではないかと思う。昭和51(1976)年に新潟県津南町教育委員会から刊行された『沖ノ原遺跡』報告を見ると,この遺跡から出土した剝き身のクリを「搗栗」であると明記している。しかしそれを「土器の中で茹でて皮をむいて干したものと思われる」とか「蒸すかゆでるかして皮を剝いた干し栗」と述べているから(江坂輝弥編 1976),製法についての理解は民俗事例に基づいたものではなかった。それでも「搗栗」と判断できたのは,たぶん,それまでに見たことがある搗栗と共通している特有の外観,質感からの判断ではないかと思う。

　自分の場合は,北上山地の人が言う「押しグリ」を自ら作ってみた経験から,

図1−1のような特有の外観を備えて発掘された剝き身のクリは，それぞれの時代の「搗栗」に違いないと理解したのである。縄紋時代例と現代民俗事例という，数千年とか1万年以上も隔たりがある「搗栗」の外観が酷似していることには合理的な理由がある。すなわち皮付きのクリは乾燥させるほど中身が収縮し，皮と中身との間に隙間ができる。そのとき，皮の中では実の表面に「しわ」が寄っている。そうした不変の自然科学的特性を利用し，搗いて皮を除くことが縄紋時代から現代まで途切れることなく受け継がれてきたので，時代を大きく隔てた両者が酷似しているのである。そのような理解に基づいて，前掲拙著（4頁）には山形県押出遺跡から出土した剝き身のクリと現代の「搗栗」の写真を対照させた。

（2）クリを天日乾燥させる民俗事例

　民俗事例によると搗栗を作るうえで不可欠な「乾燥処理」の仕方には2通りある。その1つは採集してきたクリを日向に広げ，空模様を見ながら取り込んでは広げて干す方法であり，もう1つはクリの実に針で糸を通し，吊り下げて干す方法で，前者が断然多い。

　わが国で古くから作られてきた「搗栗」の製法は今も各地に伝えられており，前掲拙著（6〜15頁）では6例を紹介したが，本書では新たに次の1例を加えたい。

〈岩手県下閉伊郡岩泉町年々　年々ミナさん（昭和11〈1936〉年生まれ）〉

　昭和20年代前半，安家の松ケ沢辺りでクリを拾ったときは［腰籠］，麻で作った［布袋］か，「ふすま」を買った時の袋，ウマダの木の皮で作った縄，鎌を持って，1人か2人で自分の山へ行って拾った。［布袋］の代わりに細い縄を編んで作った［つかり］を使うこともあった。拾ってくると自家製の［莚］に広げて天日乾燥をする。その後，回りが板で底に金網を張った［乾し籠］に入れ，台所の炉の上に吊るして搔き回しながら乾燥させた。カラカラになったら［かます］に入れ，炉の少し脇の「けだ」の上に上げて保存した。そこは［はしご］で上り下りする所でニガタケを編んで作った［竹編み］が敷いてあり，クリのほか味噌玉，シタミ（どんぐり）も広げて干すものだった。クリを食べる時は「にわ」にあった足踏み式の［唐臼］で，クリがあまり砕けないように注意しながら搗き，皮は［箕］で吹いて捨てた。そうして「押し栗」

を作るのは女の仕事だった。それをご飯の代わりとして，あるいはご飯に混ぜて食べた。コムギの粉で作った饅頭の中に「あんこ」として入れることもあった。少し以前まで作ったが木に虫が付くようになって実が取れなくなったので今は作らない（名久井 2004）。

「搗栗」が生栗を乾燥させた干栗を搗いて得られるものであることは，次項に述べるように古代の人々も知っていた。

（3）搗栗の存在を明示する古代の史料

「搗栗」の名称は奈良時代の正倉院文書，平安時代の『延喜式』，中世の文学，記録にも見える。

〈史料に残された「生栗」「干栗」「搗栗」〉

奈良時代の天平宝字5（761）年に書かれた正倉院文書の造法華寺金堂所解には，

　　四十二文買生栗子六升直　升別七文　八文買搗栗子一籠直

と見える（竹内理三編 1964）。「生栗」と「搗栗」は天平宝字6年の奉写二部大般若経銭用帳にも，

　　五十二文買搗栗子四升直　升別十三文

あるいは，

　　一百五十七文買生栗子三斗直　二斗三升　升別五文　七升　升別六文

と見えるから，奈良時代には「生栗」と「搗栗」は明確に区別されていたことが確認できる。さらに，後者には，

　　一百三十五文買干栗子九升直　升別十五文

とも見えるから，当時，「搗栗」「生栗」「干栗」の違いが明確に区別されていたことが明らかである（竹内理三編 1964）。

平安時代に書かれた『延喜式』の内膳司式「新嘗祭供御料」の中にも，

　　干栗子二升　搗栗子四升　生栗子一斗

とあって，やはり「干栗」「搗栗」「生栗」がきちんと区別されていた（黒板勝美編 1992b）。

上に挙げた，わが国最古級の諸史料が示しているように，奈良時代，平安時代にはすでに「搗栗」が存在していたことは明白である。

奈良時代に「生栗」「干栗」「搗栗」の違いを書き分けているのは，それより

も古い時代から受け継がれてきた民俗的知識に基づいたものであろう。古くから伝えられてきた製法が推察できるような文字を用いて「搗栗」と表記した古代の人々には，「干栗」を搗いて得られる「搗栗」は必ず剝き身となり，表面に「しわ」が刻まれていることは当然の知識であったに違いない。

室町時代に成立した『尺素往来』に見える「挫栗」は「搗栗」のことと理解されている（塙保己一編 1983）。

このような諸史料や説話から，古代，中世の人々は「生栗」を乾燥させたものが「干栗」であり，その干栗を搗いて得られるものが「搗栗」であることを知っていたと理解できる。そのように見てくると，現在の国語辞典で説明される「搗栗」の製法は，少なくとも奈良時代から現代まで途切れることなく伝承されてきたものであることは明らかと言ってよいだろう。

（4）史料，出土遺物，民俗的技術の総合

前項で述べた史料等と併せて重要なのは，「しわ」が刻まれた剝き身の「搗栗」が，縄紋時代から中世までの，ほとんど列島全域の諸遺跡から発掘されているという事実である。そんな考古学的事実と歴史学的事実，民俗学的事実の存続状況をわかりやすく整理すると表1-1のようになる。

表1-1　搗栗の出土例と史料の時代的重複

遺物と史料／時代区分	縄紋時代	弥生	古墳	古代	中世	近世	近現代
搗栗が出土する時代							
搗栗が登場する史料							

この表で明らかなように，遺跡から「搗栗」が発掘される時代と「搗栗」の名が記された史料が残された時代は，古代，中世のところで重複する。このことから，「搗栗」を作るための民俗的知識や技術は，史料に表記された「搗栗」を介在させると縄紋時代から現代まで1万年以上もの間，途切れることなく伝承されてきた，と言えることになる。

〈岩手県岩泉町に残る新旧の「搗栗」〉

いま述べた「搗栗」を作る民俗的技術が縄紋時代から現代まで受け継がれてきたということに関連して興味深いのは，岩手県下閉伊郡岩泉町内に残る出土資料と民俗事例の存在である。同町内の森ノ越遺跡（図1-2-1）からは約

図1-2　岩手県岩泉町の搗栗

1 岩手県森ノ越遺跡出土　縄紋時代中期の「搗栗」（岩泉町教委所蔵）

2 岩手県豊岡Ⅴ遺跡出土　弥生時代の「搗栗」（岩泉町教委所蔵）

5000年前の縄紋時代中期の（岩泉町教育委員会編 1978），豊岡Ⅴ遺跡（図1-2-2）からは約2000年前の弥生時代の「搗栗」が発掘されている（岩泉町教育委員会編 2006）。同じ岩泉町内にある道の駅では，毎年，この地方で昔から作られてきた「押し栗」が販売されている（図1-2-3）。これらは縄紋時代

3 岩泉町の道の駅で購入した現代の「押し栗」とラベル

から受け継がれてきた「搗栗」の製法が現代民俗例につながっていることを同じ町内の資料で言うことができる稀有な例である。

2　クリに針で糸を通し，下げて乾燥させる文化

(1) 各地の民俗事例

　クリに針で糸を通して吊り下げ，乾燥させる民俗事例が少数派であることは述べたが，その民俗事例の実際を見ておこう。

【事例1】　岩手県宮古市小国　湯澤孝さん（昭和3年生まれ）のお話し

　昔の人は「彼岸がくればヤマグリが落ちる」といって，9月20日前後にはク

第1節　クリの乾燥，備蓄　　9

図1-3 糸を通して干すクリ（再現写真）（岩手県宮古市小国 湯澤孝さん）

リ拾いをした。一家の女性が2，3人で山へ行き，半日で1斗以上は拾った。総量にして2斗も3斗も拾うものだった。雨が降って風が吹いた日の翌朝はクリの木の周りが「赤真っ赤」になるほどクリの実が落ちているものだった。ヤマグリは1年おきに成る年と成らない年があった。

　クリを糸で吊るして乾燥させる方法は，今はそれほどクリを食べないし，手間もかかるからやらなくなった。ヤマグリのイガに実粒が3個入ったものが，糸を通しやすい。1個のは「ひとつグリ」といって形状が丸く，針を通しにくい。拾いがけの乾燥しないうちに針で糸をとおしてつないだ。クリの実の頂点付近に針をさした。日向に干しておくと虫が出てくる（この虫は川魚の釣りに使った。とくにヤマメがよく釣れた）。干さないで積んだままにしておくと，実をすべて虫に食われてしまう。昔は「田舎のお土産用」にしたので，形のよい大きな実を選んだ。2日ほど干して虫を追い出し，つないだまま蒸して，その後また本乾燥させた。生のまま乾燥させると搗いたときに実が砕けてしまうので，一度蒸す。縁側に20本くらい干したと思う。食べるときはカラカラになったのを臼，杵で搗いて，煮て食べた。砂糖がない時代だったので，干したクリ

10　第1章　食料の乾燥処理，備蓄

はまるで甘くておいしいものだった。粒の小さな実は養蚕に使う［とうか］に広げて干した。これはクリなどを干すために今も使っている。

乾燥させないクリは毎晩のように歯で剝いて，渋を取った。生のクリを蒸かして食べるのは本当においしかった。渋は血止めの薬にした。渋は［金たわし］のようなもので，こすって取った（宮古市北上山地民俗資料館編 2016）。

【事例2】　岩手県宮古市鈴久名　熊谷ミサ子さん(昭和7年生まれ)のお話し

糸で吊るすクリは大きな粒を選んだ。小粒のものは［とうか］に広げて干す。糸で吊るした方が早く乾燥するが手間がかかる。綿糸をつないで輪にする。針は縫い針で，クリの頂点近くの芽が出る部分に針をさす。実の真ん中は厚みがあり，針が通らない。虫に食わせないため，干してから一度蒸した。茹でてもよい。十分に乾燥させて，食べるときは［踏みがるす（唐臼）］で搗いて，「箕吹き」して皮を除いて，やわらかく煮て，「かて」にして食べた（宮古市北上山地民俗資料館編 2016）。

【事例3】　岩手県下閉伊郡川井村川井　滝野トクエさん（大正10〈1921〉年生まれ）のお話し

粒の大きなクリを選んで針で糸を通し，風通しの良い所に下げて乾燥させてから炊く。その後は風通しの良い所に下げてカラカラになるまで乾燥させそのまま保存した。食べるときは「押し栗」と同じようにして皮を除いて食べた。

【事例4】　橘礼吉さんが採集した石川県の民俗例

ジュズグリ——茹で栗を縫い針・糸で通し，日光で乾かした後，さらにいろりの上で乾かして作る。正月・報恩講・仏事等の人寄せの場で，糸のついたままで漬物・干柿等と盛り付けして，チャノコ（茶菓子）にした（橘礼吉 2015）。

【事例5】　福島県南会津郡只見町只見　新国本子さん（大正11年生まれ）のお話し

昭和初期から20年前後のことだがクリを1日に2斗も3斗も拾った。その中の粒の大きいものは「通し栗」にした。それは拾ってきたら2，3日の間，虫殺しにために水に浸ける。それに針で木綿糸を通し，軒下に下げて乾燥させる。このとき，十分に乾燥させないと後で渋皮がよく取れない。乾燥したら［蒸かし缶］で3時間も蒸す。それを風通しの良い軒下などで干す。十分に乾燥したら家の中の湿気のない高い所に下げたまま保存した。その皮を歯で破りそのま

ま食べることもあったし，皮が付いたのを茹でても食べた。粒の小さなクリは「搗栗」にした。

　それを作るにはまず外の日当たりの良い所に［莚］を敷き，クリを広げ，何日も掛けて乾燥させる。それを［蒸し缶］で蒸し，また［莚］に広げてカラカラになるまでよく乾燥させる。乾いたら［籠］に入れ，屋内の湿気のない高い所に吊るしておいた。それを食べるときは［莚］の上に広げて［枡］の底で潰して皮を破ってから［箕］で吹いて皮を除く。それが搗栗で，煮て食べた。搗栗を軟らかく茹でてから潰し，裏ごしするように［笊］で漉して「あんこ」にし，そのまま食べたり砂糖を混ぜて食べたり，それを餅につけて食べたりした（名久井 2004）。

【事例6】　岐阜県吉城郡宮川村の民俗例

　「搗グリを作るには，生グリのまま天日でよく乾燥してから臼で搗いて外皮を取り除き，種実のみにしたもので，煮て食べたもの」という。この例では乾燥させてから搗くまで間がないようにみえるが，同村では生グリを2〜5日間天日で乾燥し，これを「皮つきのまま乾燥して貯蔵しておき，こまぐち（間食）にした。また，ゆでた直後に数十個のクリを糸に通して数珠状にして乾燥したものが数珠グリで，正月のこまぐちとして子供に大変よろこばれたもの」という（宮川村自分史をつづる会編 1989）。

　以前，民俗学者の野本寛一さんから糸を通して乾燥させているクリの写真を見せていただいたことがあり，類例が全国各地に分布していることを知った。また長野県富士見町にある井戸尻考古館・歴史民俗資料館に移築，展示されている古民家の神棚には，糸を通して干した一連のクリが掛けられている。たぶん，このようにしてクリを干す民俗的慣行は，昔は長野県内に広く分布していたのではなかろうか。福島県の民俗学者佐々木長生さんによると猪苗代湖畔に建つ「会津民俗館」には炉の上から下げられた，糸を通して乾燥させたクリが展示されているという。また富山県の五箇山にある茅葺屋根の民宿では現在も炉の上から，糸を通したクリを下げて干しているらしい。

　以上のような多くの民俗事例から，この列島にはクリを日向や炉上空間に広げて干したり，糸を通して吊り下げて乾燥させたりして長期保存を図り，食べる準備として臼，杵の役目をする道具で搗いて皮を除く文化が広範に分布して

いたと想像させる客観的事実が存在していることを確認しておきたい。

ところで，そんな糸を通して干した痕跡があるクリは複数の遺跡からも発掘されている。

（2）貫通孔を有するクリの出土例
〈続縄紋時代 北海道Ｋ135遺跡出土の貫通孔があるクリ〉

ＪＲ北海道札幌駅構内で発見されたＫ135遺跡４丁目地点の発掘にあたって指

図1-4　縄紋時代後期の貫通孔ある搗栗
石川県ノミタニ遺跡　縄紋時代後期（吉野谷村教委編1997）

揮をとった上野秀一さんによると，この遺跡の「続縄文後期初頭（3世紀末から4世紀）の包含層から重量換算で約1,700個のクリが発掘されたが，その多くが中央部付近に小孔があけられていた」という（上野秀一 1989）。貫通孔が開けられていたクリの個体数が記載されていないのは残念だが，上野さんは，この遺跡から発掘されたクリに貫通孔があることの意味について，クリに糸を通して干す民俗事例と同様の目的であったと思われる，と洞察している。真ん中に貫通孔を有する出土クリの背後に民俗事例があることを説いた，わが国で初の指摘であると思われる。

前掲拙著（12頁）には，このＫ135遺跡出土の貫通孔があるクリの写真と，糸を通してクリを干す岩手県宮古市川井の民俗事例の（再現）写真を対照させた。

〈縄紋時代中期～後期前葉 石川県ノミタニ遺跡出土のクリ〉

クリに糸を通して乾燥させた縄紋時代例を探索中に，石川県ノミタニ遺跡の発掘調査報告書（191頁）に掲載されている写真に目がとまった。その数はただ1点だったが，少し欠落部分がある剝き身のクリの真ん中を明瞭な孔が貫通している（図1-4）。早速申請して撮影に出向いたが，不幸なことに破損事故に遭って分解しており撮影は叶わなかった。

3　1万3000年前の人が作った搗栗——再現実験から

平成27（2015）年5月，長野県上松町教育委員会で，お宮の森裏遺跡の，表

図1-5　縄紋時代草創期の貫通孔ある搗栗　長野県お宮の森裏遺跡（上松町教委所蔵）
①表面側

同　②裏面側

裏縄紋土器を出した第25号住居跡から発掘された縄紋時代草創期の木の実を見せてもらった（上松町教育委員会編 1995）。大部分は細かく砕けた「どんぐり」やクリの欠けらだったが，その中に完形に近いクリが2個体あった。驚いたのは2個体とも剝き身で，どちらにも真ん中に小さな孔が認められたことだった。一方の孔は貫通していたが，もう一方は貫通孔の一部が土で塞がっていた（図1-5）。

　その孔については報告書に一言も触れられていなかったが，民俗事例との共通性から，自分はクリに糸を通して乾燥させる民俗的技術の起源が縄紋時代草創期まで遡ることを物語る重要な資料であると理解し，その見解を上松町教育委員会に伝えた。委員会は専門機関にこのクリの年代測定を依頼し，約1万3000年前のものであるという結果を得た。このデータにより民俗事例で今も行われている，あるいは今も記憶にある，クリに針で糸を通して乾燥させ，長期保存を図る慣行の起源が約1万3000年前までは遡ることが判明したのである。ところが考古学界の理解はそれほど簡単ではないのである。

14　第1章　食料の乾燥処理，備蓄

（1）考古学界の不思議——木の実の「炭化」説

　この遺跡から発掘された2個のクリや，前項に挙げた石川県ノミタニ遺跡，北海道K135遺跡出土のクリのように貫通孔があるクリでも，図1-1，同2のように貫通孔がないクリでも，剝き身のクリが発掘されると考古学研究者は10人が10人とも「炭化クリ子葉」として理解するし，報告書にも，そう記載される。それが「どんぐり」の場合なら「炭化コナラ属子葉」となる。剝き身のクリや「どんぐり」を「炭化」と見るのは考古学界の常識なのだが，自分はそれが甚だ不思議なのである。というのは，その「炭化」という現象を引き起こした原因が何であるか，理化学的分析によって確かめられた話を読んだことも聞いたこともないからである。

　遺跡から発掘された木の実を「炭化」と表現している例は少なくとも昭和34年には見られる。長野県五斗林遺跡の報文に「どんぐりの炭化したものが約20コ出土したが……」（藤沢宗平ほか 1959）という表現がそれである。「炭化」と判断した根拠の説明がないから，たぶん，当時すでに「炭化物」と見なすことが普通になっていたのであろう。初出がどこまで遡るのかわからないが，昭和4年に刊行された『史前学雑誌』第1巻で直良信夫が，縄紋土器とともに採集された「シヒ（？）の果実」をスケッチを添えて紹介した際には「炭化」という表現をしていない。翌年に刊行された『史前学雑誌』第2巻第4号では青森県三戸郡是川村中居から発掘された有機質遺物の出土層を「是川泥炭層」と呼んでいるから，もしかしたら上の「炭化」は，その影響を受けたものかも知れないとも思うが探索は行っていない。

　考古学界で常識になっている「炭化クリ子葉」等の表現が，もしも出土したクリや「どんぐり」の色が黒いことに引きずられた判断であるとすれば，それは色調表現を加味した同定に過ぎない。同定で止まっているのでは納豆を見ても豆腐を見ても味噌を見てもダイズと記載するのと何ら変わらない。これが石器だったら石槍を見ても石鏃を見ても彫刻刀を見ても「珪質頁岩」などと判断して済ませているようなもので，文化的意味合いを読み取らないかぎり考古学にはならないのである。では，この場合の文化的意味合いとは何か。

　それは北上山地で教えてもらった民俗事例，そして国語辞典にも載っている

「押し栗」（搗栗）の作り方を参照すると明らかになる。すなわち発掘された剝き身のクリの表面に明瞭な「しわ」が刻まれているのは，生グリが日向などで十分に乾燥されて皮の中で収縮したからであり，皮が全くないのは，その干栗を当時の作業者が臼，杵の役目をする道具で搗いて皮を破り，除いたからである。要するに遺跡から発掘された「剝き身」で「しわ」が刻まれた黒いクリは，それぞれの時代のヒトが作った「搗栗」にほかならない，というのが自分の理解である。ただ発掘された剝き身のクリが黒色に近いことについては，民俗事例からは説明がつかない。その点について，自分は乾燥処理されたクリや「どんぐり」が外気から遮断された土中に数千年とか1万年以上も埋没している間に何らかの変質が起こった経年変化ではないかと想像している。

　そのように黒色化した由来は説明できないのだが，それでも，民俗事例との共通性に注目する自分にとって，発掘された「剝き身」のクリは「搗栗」にしか見えない。しかし現行の考古学研究法によれば「炭化物」にしか見えないだろうし，貫通孔も虫食い孔にしか見えないかも知れない。そこで自分はクリに針で糸を通し，干してから搗いて「搗栗」にしたら，お宮の森裏遺跡出土のクリのような貫通孔のある「剝き身」が得られるのではないかと予想し，自説を確かめるための実験を試みることにした。

（2）クリに針で糸を通し，乾燥させる実験

　実験をした回数は生クリを入手できる季節的制約があったため2回にとどまった。

　●初回の実験で気付いたこと●　この遺跡から出土した2個体のクリを初めて見たとき，貫通孔の直径が1mm余しかないことに驚いた。再現実験するにしても，そこまで細い針を作ることはできないので，手芸店で太さの異なる複数の針を買って使うことにした。

　平成29年9月，針の太さごとに色の異なる絹糸を使い，協力者から送っていただいた山グリに糸を通してみることにした。クリの中にいると思われる虫を退治するため水に浸けたところ，太ったクリシギゾウムシの幼虫が何匹も出てきたが，そのとき皮に残された穴の直径は2mmぐらいで円形だった。

　水から引き揚げた濡れたままのクリの中央部付近に縫い針や自作の木針を使って糸を通して物干し竿に掛け，日当たりのよい時間帯に乾燥させることを

２週間ぐらい続けた。感触や音から十分に乾燥したことを確かめ，糸を抜いてみて初めて気づいたことがある。それは例えば太さが1.3mmの市販の縫い針で絹糸を通した場合でも乾燥後のクリには針の太さに見合う孔は残されておらず，わずかに絹糸が通っているだけだった。試しに，連なった状態のクリを下げてみてもクリは抜け落ちなかった。

　それは考えてみれば当たり前で，針はクリに刺し込まれた際，ドリルのように刃先の対象を除去しながら進入するのではなく，針の先で対象を押し分けて進入するのである。布でも皮革でも畳でも，針は素材を押し分けて進入する。だから自分が針で糸を通した際，押し広げられたクリの皮も中身も，日向に下げて乾燥させている間に収縮して針の貫通孔は消えて糸だけを残したものと理解された。

　この実験から理解したのはお宮の森裏遺跡出土のクリに開けられている直径１mm余の貫通孔は針の太さを反映したものではなく，通された糸の太さをうかがわせるのではないか，ということであった。そのことを確かめるため，太さが１mmを超える糸を通してみる実験が必要だったが，そのことに気付いたときには生のクリを入手できる時期が過ぎていた。そこで翌年の実験に備えて針を作ることから始めることにした。

　●クリに太さ１mm超の糸を通して干す実験●　上松町教育委員会のご好意で送っていただいたシカの後ろ足の骨で５本の針を作った。関節部は鋸で切り落とし，縦にも切ってから，家庭用の荒砥で成形した。長さは約５〜７cm，太さ約３〜５mm。針孔はアクリルカッターで幅狭く開けた（図１-６-１）。試みにクヌギ材でも針を製作したが記述は省略する。

　糸の材料は手持ちのアサの繊維と友人が送ってくれた青苧を，太さ約１mm強に指先で撚ったもの。それは自然素材なので太さを１mm強に撚った糸でも末端はきわめて細くなり，針孔の直径が１mm以下でも通すことができる。

　平成30年９月下旬，上松町教育委員会のご好意で送っていただいた山グリを一晩水に浸け，殺虫のため軽く湯がいた。湯を捨て，まだ湿っているクリに針で糸を通した。自作の骨針は太いので，突き刺したときにクリはしばしば割れた。糸を通すことができたクリの数は約120個。１連ごとに輪にして，日が当たる物干し竿に下げて乾燥させたが，その際，どの針で通したか後でわかるよ

図1-6 クリに残る貫通孔の由来を探る実験

1 製作した骨針とその材料

2 糸を通した骨針を添えて乾燥したクリ

うに,使った針を添えたまま干した(図1-6-2)。

　晴天を見ては日向に下げ,夕方には取り込むことを2週間以上繰り返した。クリどうしが触れ合うとカラカラと乾いた音がするようになったが他の仕事もあったので,さらに1週間ほど乾燥させた。その後,糸を抜いたが,今回は量も少ないし実験なので民俗事例のように搗くことはせず,工具のねじ回しを逆に持ち,ゴム製の柄で軽く叩いて皮を破り,

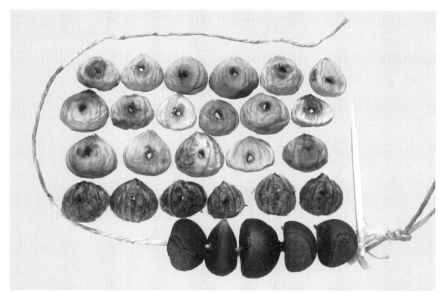

3 クリの「剝き身」に見る，針の太さと糸と貫通孔

剝き身を得た（図1-6-3）。

　去年の実験から予想していたとおり，糸を抜く際には抵抗があったから，貫通孔が糸の太さまで収縮していることは明らかだった。皮を破ったところ，大半は渋皮が付着した状態だったが，なかには渋皮が浮いた状態の個体もあり，指先で容易に外れる場合には取り除いた。虫が食っているものは皮を叩いた段階や手で剝いた段階で割れたり砕けたりした。虫が食っていなくても割れるものがあったが，その例で興味深かったのは，貫通孔の大きさが欠けらの表面と内部では異なっていることだった。同じ剝き身の破片でも表面側の孔が小さいのに対して，内面側に残っている孔は大きく，骨針の太さをうかがわせるかのようだった。

　●実験から得た結論●　この実験結果で特筆しなければならないことは，糸を通してクリを貫通させた骨針の太さと，最終的に皮を取り除いたクリの表面に残された貫通孔の大きさとの差異である。すなわちクリに糸を通した自作の針は最大幅3.6mm，最も厚い部分が3.1mmほどであったが，乾燥後に糸を抜いて得た「剝き身」に残った貫通孔の大きさは一見して針よりも小さく収縮しており，

アサを撚った糸の太さである平均1.4mm前後であると思われた。

この実験結果を踏まえると，約1万3000年前の縄紋時代草創期後半のお宮の森裏遺跡出土のクリについては次のように言えることになる。

（3）お宮の森裏遺跡出土のクリをどう見るか

〈剥き身であること〉

まず，出土したクリが2つとも皮がない「剥き身」であることについてだが，皮だけを食う虫や鳥はいないだろう。それなのに皮がないのは人為的な働きかけを受けた証拠である。それは奈良時代や平安時代の史料にもあったように，そして現代の民俗事例にもあるように，当時の作業者が十分に乾燥させたクリを臼，杵の役割をする道具で搗いて皮を破り，捨て去ったから「剥き身」なのである。

〈貫通孔の位置が真ん中で，しかも直進的であること〉

虫害を受けたクリの中身を見るとわかることだが，実の中にいる虫は好き勝手な方向に食害するし，皮を食い破って出てくる孔の位置にも規則性がない。それに対してこの遺跡から出土した2個体，および石川県ノミタニ遺跡の1個体（図1-4），札幌K135遺跡の少なからぬ個体（前掲拙著12頁）は，どれも最大幅を測る部分のほぼ真ん中に孔が開けられており，しかもその孔は直進的である。仮に，これが虫食い孔であるとしたら，その虫は侵入した直後から周囲には目もくれず，ひたすら目の前だけを食害して直進し，余勢を駆ってついには外に飛び出してしまったことになる。そんな虫って，いる？

お宮の森裏遺跡から出土した「剥き身」のクリの貫通孔が真ん中にあり，しかも直進的なのは，このクリを残した人が，皮が付いた生クリの真ん中を目がけて針で糸を通したからである。その貫通孔の直径が1mm強であるのは，糸を通した針の太さを反映しているのではなく，通された糸の太さをうかがわせている。その糸を通した針は，自分の経験から推測すると，太さがたぶん3mmを大きく超えない骨針だったのではないか。以上に述べた用具，方法をもって実施しないかぎり，出土例のような外観のクリは得られないというのが自分の実感である。

実験を踏まえた以上の観察に基づくと，この遺跡から発掘され，その古さが約1万3000年前と測定された2つのクリは，縄紋時代草創期後半の表裏縄紋土

図1-7　食品に糸，紐を通して乾燥させた例

1 発掘されたエゾエンゴサクの塊茎　オホーツク文化期(9世紀)(紋別市立博物館管理)

2 現代の干しアワビ(東日本大震災前の岩手県太平洋岸某所にて)

器を使っていた人々が作った「搗栗」である，と，判断されるのである。

　縄紋時代草創期以降の人々はクリを日向に広げて干す，あるいはクリに針で糸を通し，吊るして乾燥させるという2通りの方法で乾燥させて長期備蓄を図った。それを臼，杵の役割を果たす道具で搗いて皮を除くことで「搗栗」を

第1節　クリの乾燥，備蓄　　21

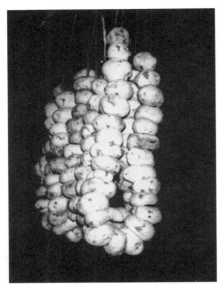

3 現代の凍みイモ(ジャガイモの凍結乾燥) 現代 宮古市夏屋(写真提供 宮古市北上山地民俗資料館)

4 現代の凍みダイコン(ダイコンの凍結乾燥) 現代 宮古市小国(写真提供 宮古市北上山地民俗資料館)

作る方法は縄紋時代から途切れることなく伝承されて現代民俗事例に至っている、というのが実験を踏まえて得た自分の結論である。

(4) 針で糸を通して乾燥させる他の例

北海道オホーツク沿岸のほぼ中央に位置する雄武川川尻遺跡で発見された、オホーツク文化期(9世紀)の人々が残した竪穴住居から152点のエゾエンゴサクの塊茎が検出された(佐藤和利 1989)。これを発掘した紋別市立博物館元館長の佐藤和利さんは、そのとき、数珠を掘り当てたかと思ったというほど、きれいに揃って出土した塊茎のすべてに糸を通した孔が貫通していた(図1-7-1)。

図1-7-2は生産者との約束で撮影地名は明かせないが、糸を通して吊り下げ、直射日光のもとで乾燥させている現代の干しアワビである。

北上山地では厳冬期に「凍みイモ」(図1-7-3)や「凍みダイコン」(図1-7-4)を作ったが、それらは畳針のよ

うなもので紐を通して吊り下げ，寒気に晒した。江戸時代の後期，各地を旅しながら民俗的景観を詳細に観察，記録した菅江真澄が十和田の休屋で泊まったとき，同宿した近隣の者たちが「夜もすがら，香覃を級の皮につらぬいてかけ」火にあぶっていたということを「とわだのうみ」に書いている（内田・宮本編 1973）。「級」というのはシナノキのことだが，樹皮だけで貫通させることはできないから針を使っていたのであろう。

　こうしてみると食品に糸を通し，下げて乾燥させる例は，史上，所々に現れるが，それは縄紋時代草創期（お宮の森裏遺跡例）から絶えることなく伝承されて，そのときどきの民俗的技術が表出した例であると言うことができる。

4　クリの「いが剥き」

（1）認知されていない「いが剥き」

　誰でも知っているように実りの秋にクリの木の下に行くと必ず「いが栗」も落ちている。割れ口が開いて実が顔をのぞかせているのもあるし，強い風が吹いた翌日なら割れ口が開いていない「いが」も落ちている。クリを盛んに拾って利用した人々に聞いてみると，「いが栗」の割れ口を開けるために，現場に着いてから手折った小枝を使ったという人もいるし，靴先で押さえたり開けたりして指で実を摘み出したという人もいる。しかしあらかじめ携行した用具がなかったか聞いてみると「鎌」や「先を尖らせた木の棒」，「端を斜めに削った木の枝」のような「いが剥き」を持ちながら腰籠に拾い集めたという。鎌は「いが」剥き用にあつらえたものではなく，普段，草刈に使っているのを持って行き，木の下に着いたら，まず草を刈ってからクリを拾った。そのとき，「いが栗」の割れ口に鎌の峰を押し当ててこじ開け，実を摘み出したというのである。現地で作るにしても家から携行するにしても，「いが剥き」は必需品だったと知られるわけだが，考古学界の認識は必ずしもそうではない。

　クリが発掘されている縄紋時代以降の遺跡は相当の数に上っており，なかには 5ℓ も発掘されている遺跡もある（福島県教育委員会編 1988：羽白D遺跡）。人々が盛んにクリを採集したことは証拠上明らかだが，日本考古学界で「クリのいが剥き」と認知されている遺物は存在していないのである。

第 1 節　クリの乾燥，備蓄　　*23*

（2）「いが剥き」と思われる出土木製品

　民俗事例から，「いが剥き」に要求される条件を抜き出してみると次のように
なるだろう。

①「先を尖らせた木の棒」や「端を斜めに削った木の枝」などを使う民俗事
　例から類推すると，「いが剥き」は木製品で十分である。

②「いが」を剥くために鎌を用いる民俗事例を見ると，使うのは緩くカーブ
　している背の一部分だけである。そこから類推すると「いが」の口を開け
　る先端は，ある程度丈夫で薄く，直線的な数cmの幅があれば用が足りる。

③クリの木の下の草を掻き分けて実や「いが栗」を探すことを想定しても，
　「いが剥き」は身長を超えるほどの長さである必要はない。太さも鎌の柄
　のように4cm前後もあれば十分ではないか。

　このような条件を満たす木製品が遺跡から発掘されていないか概観してみる
と，それらしい遺物が出土している。

　図1-8に挙げた，一端を箆状に削り出している木製品は，考古学界では山
芋などを掘るための「掘り棒」であると認識されている。確かに端部が箆状に
成形されている棒や尖っている棒で土を掘ることは可能だろう。しかし，その
ことをもってこの木製品を土掘り具と判断するのは速断に過ぎると自分は思う。
箆状加工や尖端が機能する場面はほかにも有り得るからである。例えば複数の
カヤ束を縄で背負って運ぶ際に，荷崩れを防ぐため，あるいは一把でも多く背
負うために，カヤの束に尖らせた棒を突き刺す民俗事例がある。尖らせた棒を
土掘り具だけに直結させるわけにはいかないという一例である。

　地中深く真っ直ぐ下に伸びる芋を掘ることを想定するにしても，土を掘るか
らには柄の先端に石器を装着したであろうと推測するのが妥当ではないか。土
掘り用の石器としては，いわゆる「打製石斧」や「石鍬」，もしくはそれらに
相当する石器が用いられたと見られるが，「掘り棒」と認識されている棒状木
製品にはそうした石器の装着を前提とした加工が施されていない。それに何よ
りも，クリが発掘される遺跡が，あれほど知られているのに「いが剥き」が認
知されていないというのは見落としである。自分はそのような理由から，上に
挙げた先端を切り落としたような棒は「掘り棒」ではなく，クリの「いが剥
き」であろうと考える。

図1-8 「いが剝き」と推測される出土木製品

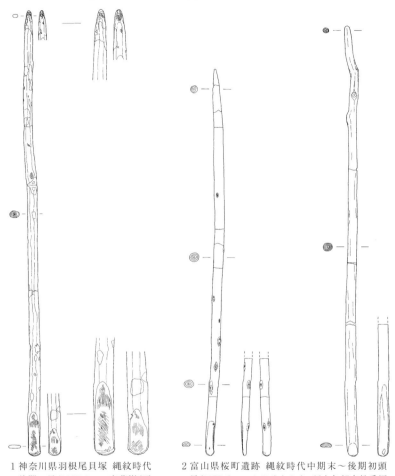

1 神奈川県羽根尾貝塚 縄紋時代前期 長さ107.1cm 広葉樹(玉川文化財研究所編2003)

2 富山県桜町遺跡 縄紋時代中期末～後期初頭 長さ127.8cm ムラサキシキブ(小矢部市教委編2007)

　最後に付け加えるが，縄紋時代以降の人々はクリを土器で煮て食べていたであろうことに疑念をもつ人はいないだろう。しかしその証拠は，となると大方の研究者は首を傾げるかも知れない。ところが民俗事例を参照すると，その物証と見て間違いないと思われるクリの皮はすでに発掘されている。
　たいていの現代人は煮たクリを食べるとき，尖った方を横に向けて，実の最

第1節　クリの乾燥，備蓄　　25

も幅が広い部分の両端に歯を当てて嚙み割り，中身を露出させるのではなかろうか。そのようにして中身を食べた後に残った皮の形状は，一方は平たく，他方は曲面を残すのが普通であろう。

　石川県米泉遺跡の報告書では発掘されたクリの皮の破片を形状で「平」とか「丸」と分類している。新潟県埋蔵文化財調査事業団で，青田遺跡の包含層から切り出されたクリの皮の塊を見せてもらったが，その中に「丸」や「平」の皮を認めることができた。青森県埋蔵文化財調査センターで見せてもらった岩渡小谷遺跡出土のクリの皮には「丸」も「平」もあった。それらの皮は，当時の人々が土器で煮たクリをわれわれと同じような角度で嚙み割って食べていたことを示す物証である。

　　ま　と　め

・縄紋時代以降の人々は「いが剝き」を携えてクリを拾いに行った可能性が高い。
・彼らはクリをまず煮て食べたが，その一方で生のクリを日向に広げ，あるいは針で糸を通し，吊るして十分に乾燥させ，それを搗いた「搗栗」の状態で備蓄した。
・そのような諸技術は縄紋時代草創期から1万3000年以上にもわたって受け継がれ，現代民俗事例に及んでいる。

第2節　「どんぐり」の乾燥，備蓄

1　民俗事例に見る「どんぐり」の「乾燥処理」

　ここでいう「どんぐり」とはブナ科の木の実のこと。北海道から沖縄まで気候風土によってさまざまな種類が生えており，コナラ，ミズナラ，カシワ，クヌギ，ウラジロガシ，イチイガシ，マテバシイなど，その種類はたいへん多い。前節で取り上げたクリのように，乾燥させた皮付きの実を搗いて剝き身を得るという方法は，古くから「どんぐり」を利用する民俗事例でも行われてきたのである。

　前掲拙著（22～27頁）で，昔，岩手県北上山地で行われた「どんぐり」を食

用にした民俗事例を紹介したが，本書では他地方の類例を加えたい。

【事例1】　福島県南会津郡只見町　長谷川友一さん（大正2〈1913〉年生まれ）のお話し

　福島県を中心に精力的な調査，研究を続けてきている民俗学者の佐々木長生さんが南会津地方のドングリ食をまとめた中から引用する一文である。「シダミ拾いには，腰にハケゴをつけ，いっぱいになると袋に入れ，これをカゴに入れて背負ってくる。（中略）拾ってきたシダミは，外で一週間から十日ぐらい干し，よく乾燥させる。ヤバラといってこれを叺に入れ天井に吊しておく。こうしておくと何年でも保存することができる。（中略）乾燥したシダミは，クボウスで搗き，殻と粉とに分離させる。これを皮箕で選別し，殻を取り除く」という（佐々木長生 2000）。

　天日で良く乾燥させた皮付きの「どんぐり」を低湿度の天井から吊って備蓄したこと，それを食べるときは臼，杵で搗き，樹皮製の箕を使って皮を除いたことを確認しておきたい。

【事例2】　福島県南会津郡檜枝岐村の民俗例

　前記佐々木さんの同じ報告の中に紹介されている例である。「檜枝岐村では（中略）十月半ばすぎ，山からシダミを拾ってきて，天気のよい日に外で干す。ハンゾウ（小さな臼）の中で搗いて，皮をとってからよく乾燥させて，叺の中に入れて二階などに保有しておく」という。

　天日で良く乾燥させた皮付きの「どんぐり」を搗いて皮を除き，剥き身の状態で備蓄した民俗事例である。

【事例3】　濃尾平野山間部の民俗例

　脇田雅彦さんの調査によると，昔，濃尾平野の山間部ではコナラのアク抜きをして食べるために，「乾燥しておいた実のカラを，まず，とり除くことから始まります。そのために，ウスへ入れてキネでつくのです。次は，その実をナベなどに入れて煮るわけです」という（脇田雅彦 2003）。

　乾燥状態で備蓄しておいた皮付きの「どんぐり」を臼，杵で搗いて果皮を除いた民俗事例である。

【事例4】　宮崎県日向の民俗例

　宮崎県総合博物館の調査によると，日向の山村では「どんぐり」のことを

図1-9　民俗事例の「すだみ」（ミズナラ，コナラの剥き身）（宮古市北上山地民俗資料館蔵）

「カシの実」と言ったらしい。この地方では11月中旬より3月中旬までの間にカシの実だご（カシノ実ゴンニャク）を作った。「まず，イチイガシやアラカシの実を拾ってくると，バケツや桶などに入れ水を注ぐ。これは実についている虫を殺し，不良の実を選別するためである。これを干し臼で搗いて鬼皮をはずす」という（前田博仁 1987）。殺虫のために水浸けした後，皮付きのまま乾燥させた「どんぐり」を臼，杵で搗いて皮を除いた類例である。

　人々は秋に拾い集めた「どんぐり」を湯がいて，中にいる虫やその卵の活動を止め，それを日向や炉上空間で十分に干した。するとクリがそうであったように振ると音がするものが出てくる。皮の中で生の中身が収縮し，密着していた皮から自然に分離するからである。そのような「どんぐり」の自然科学的特性を利用し臼，杵の役目をする道具で搗いて皮を破り，捨て，剥き身を得る民俗的技術は，右の諸例や前掲拙著で挙げた例，その他の多くの民俗事例から判明するように北日本から九州まで広く分布していたのである。

　そのような，穀物の不足を補うために支度された乾燥「どんぐり」を搗いて得た実物を見かけることは，今ではほとんどなくなったと思うが，その外観がよくわかる好例が宮古市北上山地民俗資料館に収蔵されている「すだみ」（図

28　第1章　食料の乾燥処理，備蓄

1-9）である。

　図1-9の写真のような姿，形をした剝き身の「どんぐり」は，述べたような手順を経ないかぎり得られないから，逆に，このような姿，形から，その形成過程を遡るように推察することができるのである。「どんぐり」の皮を効率的に取り除く，このような技術は各地で個別に発生したのではなく，汎列島的な歴史的背景をもっていると見るのが妥当であろう。なぜなら右の「すだみ」と共通する特色が認められる「どんぐり」が縄紋時代草創期以降の北海道から九州までの各地の遺跡から発掘されているからである。

  2　「乾燥処理」の証拠——発掘された「どんぐり」の剝き身

　遺跡から発掘される「どんぐり」は住居跡の床面や炉跡付近，それらを覆う土層のほか，貯蔵穴，土坑などの遺構からも検出されているから，それが縄紋時代の初期から彼らの食料であり続けてきたことは間違いない。

　遺跡から集中的に発見された「どんぐり」が皮だけを残して中身が消滅している場合があるが，それは生のまま貯蔵されたのが何らかの事情で取り出されなかったために中身が腐朽，消失したものと思われる。

　それに対して皮が付いたままの状態で発掘される例もあるが，その皮は生の「どんぐり」の場合のように実を完全に覆っているのではなく，多くの場合，

図1-10　乾燥処理された証拠——発掘された皮付きの「どんぐり」　青森県大仏遺跡　古墳時代～平安時代（八戸市教委所蔵，大野ほか2000）

第2節　「どんぐり」の乾燥，備蓄　　29

図1-11　乾燥処理された証拠——発掘された剝き身の「どんぐり」

1 山梨県上北田遺跡　縄紋時代前期(白州町教委所蔵)

2 山梨県大月遺跡　縄紋時代中期(山梨県立考古博物館所蔵)

3 岩手県御所野遺跡　古墳時代〜平安時代(一戸町教委所蔵)

皮が実から浮いて中の実が見える状態に破れ，かろうじて残存しているのが普通である（図1 - 10）。それは埋没するまで皮付きのまま乾燥，備蓄されていたことを物語っている可能性が高い。

　この一方，図1 - 11のように皮が完全に取り除かれた剝き身の状態で発掘される「どんぐり」の出土例も多い。

　図1 - 11のような発掘された剝き身の「どんぐり」は半分以下に割れているのが普通で，その色調は表面も中も真っ黒ないし焦げ茶色をしている。大多数の例では，「どんぐり」どうしが触れ合うとカチカチと，いかにも硬そうな音がする。このような特徴を共有する「どんぐり」の剝き身が約1万5000年前の縄紋時代草創期の初期から中世のアイヌ期（イルエカシ遺跡）に至る諸遺跡から出土しているのは考古学的事実だが，それらが，どのような処理工程を経て形成されたのかというと，図1 - 9の「すだみ」を参照するのが最適である。なぜなら生の「どんぐり」を「すだみ」のような姿に変えることができる方法は，ただ1つしかないからである。すなわち図1 - 11のような発掘された剝き身の「どんぐり」と民俗事例の「すだみ」の外観が酷似しているのは，発掘された剝き身の「どんぐり」が，民俗事例の「すだみ」を形成した処理工程と同じような方法で処理された結果であることを強く示唆するのである。すなわち遺跡に剝き身の「どんぐり」を残した縄紋時代以降の人々は，採集してきた「どんぐり」を皮付きのまま日向や炉上空間で十分に乾燥した。それをそのまま備蓄することもあったが（図1 - 10），多くの場合，臼，杵の役割を担う道具で搗いて皮を取り除き，剝き身の状態で備蓄した。それが図1 - 11のような剝き身で発掘された例である。

　遺跡から発見された最初期の剝き身の「どんぐり」については，前掲拙著で縄紋時代草創期の鹿児島県東黒土田遺跡出土例（同書209頁）と群馬県西鹿田中島遺跡出土例（同書207頁）を紹介した。前者は約1万5000年前の隆起線紋土器の段階である。

　繰り返して強調するが，遺跡から発掘された「どんぐり」の剝き身は，それぞれの時代の人々が「乾燥処理」を施してから臼，杵の役割を担う道具で搗いて皮を取り除いた証拠である。そのことを裏付けるもう一つの物証が，しばしば発掘される「どんぐり」の「へそ」である。

3 「乾燥処理」のもう一つの証拠——発掘された「どんぐり」の「へそ」

図1-12 乾燥処理された証拠——発掘された「へそ」

1 滋賀県粟津湖底遺跡　縄紋時代早期（滋賀県教委所蔵）

2 神奈川県羽根尾貝塚　縄紋時代前期（小田原市教委所蔵）

3 東京都下宅部遺跡　縄紋時代後期（下宅部遺跡遺跡調査団所蔵）

「へそ」というのは，樹上にあるとき「殻斗」（いわゆる帽子）の底に密着して，母なる木から養分，水分が供給される円形の色が変わっている部分のこと。その「へそ」が円盤もしくはそれを連想させる破片の状態で遺跡から検出される場合がある。

上記のような「へそ」が発掘されると報告書には「コナラ属へそ」と記載されるだけで，そこにどのような意味合いがあるか言及されることは皆無である。それはこれまでの考古学の研究方法に，そこからヒトの関わりを読み取る方法論がないからだが，民俗事例を参照すると，この「へそ」に文化的な意味合いが隠れていることが容易に理解できる。すなわち試みに民俗事例にならって「どんぐり」を十分に乾燥させてから臼，杵の役割を果たす道具で搗いて皮を除いてみると，捨てるべき皮の中に円形を保った状態で分離した「へそ」が必ず混

じっている（図1-12-5）。そのように乾燥させた皮付きのミズナラ、コナラ、ナラガシワ、クヌギ、カシワなどの「どんぐり」を搗くと皮が破れ、「へそ」がおおむね円形に分離するのは、いつ、誰が試しても同じ結果になる自然科学的現象である。だから遺跡から発掘された「へそ」は、当時の人々が採集した「どんぐり」を日向に広げてカラカラと乾いた音がするまで干し、それを加減しながら搗いて皮を破り、剝き身を得たことを示す物証なのである。

4 兵庫県楠・荒田町遺跡 縄紋時代後期（神戸市教委所蔵）

この「へそ」の検出、記載例は剝き身の「どんぐり」の出土例に比較すると極端に少ない。その少なさは、もしか

5 乾燥「どんぐり」を搗いた際に分離するクヌギの「へそ」

したら「へそ」が発掘されても、その文化的側面が理解されないまま「ごみ」のように扱われて報告書に記載されないのではないかと疑いたくなるほどである。

繰り返すが「へそ」は例え1個でも発掘されたなら、それは上に述べたような「乾燥処理」された「どんぐり」を搗いて皮を除いたことを裏付ける物証である。現在のところ最古の「へそ」は鳥浜貝塚の縄紋時代草創期、約1万4000年前の爪形紋土器段階の地層から発掘された例で、前掲拙著（210頁）に写真で紹介した。

縄紋時代以降の遺跡から発掘された剝き身の「どんぐり」と「へそ」は、それぞれの時代の人が食料の長期備蓄に関心をもち、その手段として乾燥処理を

第2節 「どんぐり」の乾燥、備蓄　*33*

施していたことを裏付けている。「どんぐり」を食用にするうえで必要なその技術は列島全域にわたり，1万年を超える長きにわたって継続されてきているのである。

　ま　と　め

・遺跡から発掘される剝き身の「どんぐり」は乾燥処理を経た証拠である。
・それは「へそ」とともに，臼，杵の役割を担う道具で搗いて皮が除かれたことを物語っている。
・皮付きの「どんぐり」を乾燥させて備蓄し，搗いて剝き身を得る民俗的技術は，クリがそうであったように縄紋時代草創期から現代まで，優に1万年を超えて受け継がれてきている。

第3節　トチの乾燥，備蓄

1　発掘されるトチ利用の痕跡と民俗事例

　トチを食用にした痕跡は縄紋時代から古代までの，北日本から九州に及ぶ諸遺跡から発掘されている。それは貯蔵穴や土坑，住居跡を覆っている土，住居の床面，炉，かまどの近く，水場遺構や流路，遺物包含層，捨て場など，それぞれの時代の生活跡から発掘されているから，トチが縄紋時代以来，何千年にもわたって食料として利用されてきたことは考古学界の共通認識となっている。しかしトチがどのような形で利用されてきたのか，明らかになっているとは言い難い。

　発掘されるトチは，皮付きの実が多いが剝き身も発見されている。最も多く発見されるのは皮で，これには大破片から細片までの各様がある。このような実や皮に見られる態様の相違が，それぞれの時代のどのような利用方法を反映しているのか，という切り口は現行の考古学研究法にはない。この節では，考古学界でこれまで一度も取り上げられることがなかった縄紋時代以降のトチの「乾燥処理」，備蓄，皮剝き方法等について民俗事例を参照しながら推察してみたい。

2　民俗事例に見るトチの備蓄形態

（1）皮付きでの備蓄

　殺虫した後のトチを天日や火力で十分に乾燥させ，皮を付けたままの状態で備蓄する民俗事例は枚挙にいとまがないほど多い。例えば次に引用するのは，日本列島から韓半島も含めた堅果類利用の民俗事例を精力的に調査，研究してきた辻稜三さんによる記録である。引用させていただくのは自分が本節で必要とする部分に限った，しかも要約なので精確には原著によられたい。

【福島県檜枝岐村番屋の事例】

　「星テソさんが行った栃餅を作る例では，庭に［むしろ］を敷き，天日で四〜五日間干した皮付きのトチを，炉の上の「にかい」に保存しておく。栃餅をこしらえる時になったら，ぬるま湯に十時間ほど浸けてから，木製の［トチむき］で皮をむく」（辻稜三　1989）。

【長野県栄村小赤沢の事例】

　「山田勇作さんが行った栃餅を作る例では，前庭に［むしろ］を敷いて乾燥させた皮付きのトチを，炉の上の「てんじょう」にあげておく。栃餅を作る時は湯に浸けて，一晩ふやかす。その後，温めながら歯で皮をむく。このごろは木製の道具を使って皮をむくこともある」（辻稜三　1989）。

【岐阜県根尾村能郷の事例】

　「葉名尻まつゑさんが行った栃餅を作る例では，庭に［むしろ］を敷き，天日でカラカラになるまで干した皮付きのトチを，炉の上の「にかい」にあげておく。栃餅を作る時は桶（またはバケツ）の水に浸けて，一晩ふやかす。その後でトチを熱い湯に浸け，温めながら［栃むき］で皮をむく」（辻稜三　1989）。

【鳥取県智頭町八河の事例】

　「白岩キクさんが行った栃餅を作る例では，庭に［むしろ］を敷き，トチを二十日間ぐらい乾燥させたら炉の上の「つし」にあげて長く貯蔵した。栃餅を作る時はトチを桶に入れ，煮え湯をかけて一晩おく。そのトチを鍋に移し，熱湯で温めながら［栃むき］で皮をむく」（辻稜三　1989）。

　辻さんは，この論文に，岩手県の北上山地，福島県の南会津，中部山岳地帯，中国山地，四国山地におけるトチ利用について多数の詳細な事例を記載してい

る。その精力的な調査に基づく貴重な記載によって，トチが皮付きの状態で乾燥され，それが乾燥空間で長期にわたって保存された民俗事例が多かった事実を知ることができる。

（2）剝き身での備蓄

トチの皮を除去し「剝き身」の状態で保存する民俗事例は少数だが記載されている。

江馬三枝子氏が「私が『白川村木谷の民俗』の中で「蛙が鳴くとトチがかえる」といって食べられなくなるのは，皮をむいておいた栃のことである」（江馬三枝子 1975）と書いたのは，「剝き身」のトチを保存しておく民俗事例があったことを物語る。

佐伯安一氏が紹介した富山県宇奈月町の「オケザワシ」に使うトチも，剝き身の状態で乾燥，備蓄した例である（佐伯安一 2001）。それは富山県桜町遺跡から発掘された水晒し場に関連して書かれた「トチのアク抜き」と題する文章に書いてあるのだが，その一部に民俗事例を紹介した次のような記述がある。「オケザワシは火や灰を使わず，もっぱら水さらしだけでアクを抜く方法である。拾った実は十日間ほど水の流れに浸す→これで皮が柔らかくなるので，平らな石の上にのせてこぶし大の石で叩いて皮をとる→これを天日に干して保存しておく（後略）」というのである。佐伯さんは「剝き身」のトチを乾燥させて保存する事例を重要と思ったらしく，この文章に続けて「皮をむいてから保存するのである」と書いて読者の注意を喚起している。

右の例のようにトチの皮を取り除いた「剝き身」を保存する例は，丹念に調査したら該当例が増えると思う。

（3）備蓄のための乾燥空間利用

上に引用した辻さんの調査例によると，皮付きのトチは炉の上の「てんじょう」や「にかい」に上げて保存するのが普通だった。トチは皮付きのまま炉の上部空間に保存しておけば１～２年は保存できるとする民俗知識は広範に分布していたらしく，その類例は次のように自分も見たことがある。

低温，日照不足のため不作に苦しむことがあった昔の東北地方のことだが，俵に木の実を詰めて屋根裏に備蓄しておく家は珍しくなかったようである。昭和40年代になってトタン屋根，新建材，アルミサッシの家に建て替えるために，

代々住み続けてきた木造，茅葺の家屋が取り壊されたとき，屋根裏から木の実が詰められた俵が発見されることは珍しくなかったらしい。ただし，そんな俵を見たのは子供の時分だったので，中身がクリだったかトチだったか「どんぐり」だったか覚えていないと話す人もいた。古い家屋を解体するときにそんな古俵が出てきても誰も大事と思わず，廃棄するのが当たり前だったが，かろうじて救われた例がある。

　岩手県北上市にある県立農業科学館には，そのようにして発見された皮付きのトチが詰められた俵が収蔵展示されている。自分が和賀郡西和賀町で見た俵に詰められていたのも皮付きのトチだった（前掲拙著45頁）。後者の実は今では虫害を受けて皮だけになっているが，屋内に炉の煙が行きわたっていた時代には虫も寄り付かず，充実した状態のまま炉上の低湿度空間で備蓄されていたものであろう。

　要するに不作に備えて皮付きの，あるいは剝き身のトチを乾燥状態で備蓄した時代は確かに存在したのである。そのような民俗事例に見られるトチの「乾燥処理」については，じつは発掘されたトチにも認められるのである。

3　発掘されたトチの態様が意味するもの

（1）皮の中で消失した実と皮付きのまま残った実，剝き身

〈生　貯　蔵〉

　縄紋時代以降の遺跡に残された貯蔵穴から，押し潰されたトチの皮や，その中に中身がわずかに残ったトチが発掘されることがある。なかには外観だけは無傷な丸のままでありながら空蟬のように軽く，息を少し吹きかけただけで転がるような皮もある。それぞれの時代の人々が，秋に待ちかねたようにして拾い，すぐ食べた一方，穴に埋めて貯蔵された生トチが，何らかの事情で取り残されたため，中身が消滅して皮だけが残ったものであろう。

〈乾燥処理，備蓄された証拠——発掘された皮付きのトチと剝き身〉

　その一方，注視したいのは中身が消滅せずに発見されるトチである。皮が付いたままのトチの実が発掘される例は多いが（図1-13），その由来を推察するうえで参考になるのは前項までに述べた縄紋時代以降の諸遺跡から発掘される木の実である。剝き身の状態で発掘される「搗栗」や「どんぐり」，分離して

図1-13 乾燥処理された証拠——発掘された皮付きのトチ

1 山形県市野々向原遺跡 縄紋時代中期（山形県埋蔵文化財センター所蔵）

2 青森県風張(1)遺跡 縄紋時代後期（八戸市教委所蔵）

発掘される「へそ」は「乾燥処理」された証拠であると理解したところであった。そのことを想起すると次に挙げるような皮が付いたまま発掘されたトチや剝き身のトチは「乾燥処理」の工程を経ていると類推される。

〈乾燥処理，備蓄された，もう一つの証拠——発掘された剝き身のトチ〉

縄紋時代以降の人々が長期備蓄に振り向けたトチには剝き身もあった。剝き身のトチで断然多いのは大小の破片だが，ごく稀に丸のままの剝き身も発掘される（図1-14）。

図1-14のような「剝き身」で発掘されるトチを見て，皮はどのようにして剝かれたのか究明しようと，試しに生トチの皮を剝こうとしても，発掘されるような丸のままの剝き身はぜったい得られない。遺跡にトチ利用の痕跡を残した人々は，トチを剝き身の状態で取り出す技術をもっていたと見るほかないが，それはいったいどのようなものだったのであろうか。

(2) クリ，「どんぐり」と異なるトチの皮剝き方法

トチ皮の性質がクリや「どんぐり」類と全く異なっていることは，皮が付いた生トチを乾燥させてみると理解できる。クリと違って皮が中身に密着した状態で皮ごと収縮するのである。そこに隙間が生じないわけではないが，だからといって臼，杵で搗いてもクリや「どんぐり」のように皮だけが破れて剝き身

が得られることはない。だからトチの皮は，昔も今も全く別な方法で剝かなければならなかった。

その方法とはトチに備わった自然科学的性質を利用したものであろうと推察すると，参照したいのは民俗事例である。そこで前項で引用した辻稜三さんの調査事例を見返し

3 岩手県堰根遺跡 平安時代（盛岡市遺跡の学び館所蔵）

てみると，皮付きのまま乾燥，保存されていたトチを，必ず水や湯に浸けてふやかしてから皮を剝いている。使うのが水であるか，ぬるま湯か，熱湯か，あるいは剝くために使う道具は専用の［とちむき］であるか，金槌か，あるいは自分の歯か，その手段や道具はまちまちであったとしても，必ずふやかしてから皮を剝いているという共通点に注目する必要がある。

石川県で長い間，主に白山麓を中心として綿密な民俗調査を精力的に重ねてこられた橘礼吉さんの次の記載例にも，ふやかしてから皮を剝いたこと，口，歯で剝くと丸のままの実が取れることが出てくる。なお，次の記載例に出てくる「ビックリアワセ」「ユッタリアワセ」とは，この村で行われたトチの「あく抜き」方法のことを指すが，ここではその内容にふれず，皮剝き方法についてだけ着目する。それも本節で必要な部分に限った要約，引用であることをお断りしておきたい。

【石川県白峰村大道谷太田谷の事例】

織田たまさんが行った「ユッタリアワセ」では，「朝，大鍋で煮え湯をたて，ガラトチ（乾燥，保存しておいた皮付きのトチ：名久井注釈）を煮る。午後，別鍋に大鍋のさました水を取り入れてぬるま湯を作り，トチを数個あて順次入れてふやかし，石台，金槌で皮を外す。かつては口，歯で皮をむいた（後略）」（橘礼吉 2015）。

【石川県白峰村大道谷五十谷の事例】

尾田ふく子さんが行った「ビックリアワセ」では，「皮付きのまま乾燥させ，

図1-14 乾燥処理された証拠——発掘された剝き身のトチ

1 山形県市野々向原遺跡 縄紋時代中期(山形県埋蔵文化財センター所蔵)

2 新潟県アチヤ平遺跡 縄紋時代後期(朝日村教委所蔵)

保存しておいたトチを，朝，鍋の煮え湯の中に入れて浸し，そのまま放置してふやかす。晩，別な鍋でぬるま湯を沸かし，その中に浸しておいたトチを入れて暖め，ふやけた皮をむく。(中略) 皮むき作業は，自然石を台に金槌で叩いているが，以前は口と歯で皮をむいた。歯は慣れると金槌よりもはるかに早く能率的であった。歯で皮をむくと，トチの実は丸のまま皮がむけ，屑がまったく出ないですんだ。(後略)」(橘礼吉 2015)。

【石川県白峰村大道谷五十谷の事例】

苅安たまさんが行った「ユッタリアワセ」では，「歯で皮をむいていたとき

3 青森県李平下安原遺跡 平安時代(青森県埋蔵文化財調査センター所蔵)

は，トチは丸実であったのでビックリアワセをしていた。金槌で皮むきをするようになり，トチが壊れて屑ができるようになりビックリアワセをしない（後略）」（橘礼吉 2015）。

　橘さんが調査した右の諸例から部分的に引用させていただいたところによると，皮付きのまま乾燥され，保存されていたトチは，水または湯に浸けてふやかしてから，歯を含むさまざまな道具で剝いた。それは前項で引用した辻さんの調査事例でも同じであった。このような多くの民俗事例から明らかになるのは，乾燥されたトチは石のように固くなること，その皮を剝くには，湯または水に浸けてふやかさないかぎり，石でも金槌でも，専用の［トチ剝き］でも，皮を剝くことはできないという事実である。

（3）追体験して得たトチの「剝き身」

　自分がフィールドとしてきた岩手県の北上山地では，トチの利用方法について，ごく少数の人からお話を聞けただけで，その実技を目の前で確認する機会は得られなかった。しかし前記の橘礼吉さんや辻稜三さんによる調査事例を学んだので，皮付きのまま乾燥，保存しておいたトチを水に浸けてふやかして皮を除いたなら，発掘された「剝き身」と同様なものが得られるのではないかという自分の推察を，どうしても確かめたかった。そこでカチカチになるまで乾燥して石のように硬くなった実を水に浸け，ふやかしてから歯の代わりに，研いだシカの角の先を使って剝いて得た「剝き身」のトチが図1-15に示したも

第3節　トチの乾燥，備蓄　　*41*

図1-15　実験的に得たトチの剝き身

図1-16　青森県近野遺跡出土木組遺構（青森県埋蔵文化財調査センター編2006）

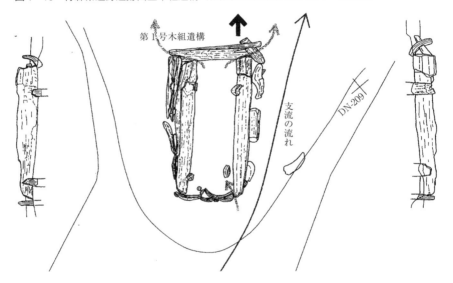

のである。

　自分は，その「剝き身」の外観，形状が，図1-14のような発掘された諸例と共通していることを確認し，縄紋時代以降の遺跡から出土したトチの「剝き身」が，乾燥状態で備蓄されたトチをふやかして皮を剝いたものであることを確信したのである。つまり遺跡から発掘される剝き身のトチは，縄紋時代以降の人々が，乾燥処理をし，備蓄した，もう一つの証拠だったのである。

（4）発掘された，乾燥トチをふやかした縄紋時代の施設

　各地の遺跡から「水場遺構」と呼ばれるものが発掘されている。諸例はいず

42　第1章　食料の乾燥処理，備蓄

れも沢の水を引き込んで使うための施設と考察されており，その使途について
はさまざまな見解が示されている。その一つとして「乾燥処理」されてから保
存されたトチをふやかした施設であるという見解が一部の研究者から示されて
おり，自分はその見解に賛成である。ただトチの分量によっては必ずしもこの
ような木組みを用いず，袋に詰めたトチを流水に浸けるといった方法もあった
であろう。

　　ま　と　め

・遺跡から発掘される皮が付いたままのトチは「乾燥処理」された証拠であ
　る。
・発掘される「剝き身」のトチは乾燥された皮付きのトチを水に浸け，ふや
　かして皮を剝いたものを，乾燥空間で備蓄したものである。

第4節　炉上の乾燥空間利用

1　乾燥された木の実が発掘された場所

　前節までに，遺跡から発掘されたクリ，「どんぐり」，トチなどの木の実は，
「乾燥処理」されてから備蓄されたものであると論じた。それらが発掘された
場所を確かめてみると，表1-2のように竪穴住居の中で備蓄されていたこと
をうかがわせる例が多い。
　表1-2で明らかなように，剝き身のクリや「どんぐり」，皮を付けたままの
トチなど乾燥処理された痕跡を留めた木の実は，竪穴住居の床面や床面直上，
炉内とか炉の付近，あるいは「かまど付近」から発掘されている。ここに挙げ
た諸例は手元の発掘調査報告書から拾い上げたものなので地域的な偏りがある
が，もしも西日本まで広く探索したなら，これらと同様に住居跡内から発掘さ
れている例は多いに違いない。そのような発掘事例や，薪を焚く室内で炉の上
部空間が最も低湿度になる自然現象が時空を超えて不変に違いないことを踏ま
えると，縄紋時代以降の人々の乾燥空間利用の仕方が見えてくる。乾燥方法で
最も効果的なのは日向に広げて干すことだが，雨天，荒天に備えて，あるいは
積雪期にはどうしても住居内で乾燥，備蓄しなければならなかったであろう。

表1-2　住居跡から木の実が発掘された遺跡

時　　代	遺　跡　名	出　土　層　位	出土剝き身等
縄紋時代草創期	長野県お宮の森裏	25号住居床面直上	「どんぐり」
早期	北海道高木Ⅰ	2号住居，5号住居床面	ミズナラ
〃	北海道Ｓ256	1号住居状遺構床面直上	ミズナラ
縄紋時代前期	山梨県上北田	17，18号住居跡床面直上	コナラ属子葉
〃	山形県吹浦	1150a号住居跡床面，周溝	クリ
〃	新潟県鍋屋町	住居跡の炉	多量のクリ
〃	福島県羽白D	23号住居床面上	5ℓ余のクリ
縄紋時代中期	長野県藤内	9号住居跡石囲炉の北側	20ℓのクリ
〃	新潟県沖ノ原	2号住居跡炉址付近	大量のクリ
〃	〃	201号大竪穴床面より上層	クリ
〃	新潟県中道	51号住居跡床面上	皮付きトチ
〃	新潟県栃倉	10号住居跡炉付近焼土上	夥しいクリ
〃	青森県明戸	14号住居跡の焼けた床面	トチ，クリ
〃	青森県黒坂	27号住居跡炉跡上面	クリ
縄紋時代後期	青森県牛ヶ沢	3号住居跡床面	クリ
〃	福島県京安林	3号住居炉跡	ミズナラ
縄紋時代晩期	青森県三合山	2号住居跡地床炉内	クリ
弥生時代	青森県八幡	住居跡床面	クリ
〃	岩手県豊岡Ⅴ	Ⅰ-2住居跡床面	多量のクリ
古墳～平安	青森県田面木平	焼け落ちた39号住居床面	「どんぐり」
〃	青森県発茶沢	25号住居跡かまどの覆土	トチ
〃	青森県外馬屋前田	住居床面付近	皮付きトチ
〃	青森県李平下安原	10世紀焼失家屋の床面近く	トチ
〃	岩手県大西	焼失家屋の床面近く	皮付きトチ
〃	岩手県堰根	9世紀後半住居跡床面近く	皮付きトチ

だから住居内から発掘された木の実は炉上の低湿度空間で乾燥，備蓄されていたことを物語っていると見るのが妥当であろう。そうなると，竪穴住居の炉の上には乾燥を目的とした仕掛けが準備されていたと推察しなければならなくなる。そこで参照したいのは同様の必要性に対応しようとして行われた，伝統的な茅葺民家の炉上空間を利用した民俗事例である。

2　民俗事例に見る炉上の乾燥空間利用

秋が深まった頃，家の前の日向に並べた浅い箱や敷き広げた［むしろ］の上に「どんぐり」やクルミ，クリ，ダイズ，アズキなどを広げて干している光景は，昔は珍しくなかった（図1-17）。

図1-17のような光景が秋の風物詩だった時代には，山深い所で暮らしてき

図1-17 日向に広げられた「どんぐり」(岩手県旧山形村にて)

た人々の家の中には「干したいもの」を乾燥させるための空間が必ず設けられていた。例えば北上山地では台所の床に切った炉の上に［ひ棚］を吊るのが普通で，その上にはクリ，「どんぐり」，キノコ，ヒエなどを入れた幾つもの［とうか］を載せて乾燥させた。［とうか］というのは北上山地で使われる呼び名で，現代風にいうとトレイの大型品のこと。やや大きな浅い「入れもの」を1枚の樹皮で作れば［かばとうか］（図1-18-3），タケを編んで作れば［タケとうか］（図1-18-2），むかし養蚕に使った浅い木の箱を利用すれば［とうことうか］（図1-19-2）などと呼び分ける。大抵の家では，この「とうか」を載せる「ひ棚」よりもさらに上方の屋根裏に近い所に，樹皮を剝いだだけの丸木（「ほげ」）を何本も置き並べ，そこを「まげ」とか「けだ」と呼んで常設の梯子で上り下りできる乾燥空間にしていた。

　人々は並べた「ほげ」の上に細いタケやカヤを編んで作った［しだみ簀］（図1-18-1）や［むしろ］を敷いて，さまざまな「干したいもの，干したもの」を並べたり，広げたり，ものによっては［かます］に入れて載せておくものだったという。そこに載せられたのは木の実のほか，味噌玉，焼き豆腐の田楽，ワラビやフキを煮て乾燥させたもの，雑魚，肉の燻製，照明のために使うマツの根を割った材などだったという。

　1の［しだみ簀］の「しだみ」とは図1-9に紹介した「すだみ」と同じもので，「あく抜き」をしてから食べる「どんぐり」のこと。この［しだみ簀］

第4節　炉上の乾燥空間利用　　45

図1-18　民俗事例に見る炉上の乾燥空間利用

1 ［しだみ簀］　長さ2m20cm　幅1m（内間木安蔵氏所蔵）

2 ［タケとうか］　長さ83cm　幅58cm　深さ17cm（内間木安蔵氏所蔵）

と同じように直径8mmぐらいのタケを縄目編みの手法で編んだ［タケ簀］も「まげ」に敷いて味噌玉を乾燥させるときに使った。

　2の［タケとうか］は底も四方の側面も，ニガタケをアサの繊維で編んで作った通気性に富む箱型の「入れもの」で，底には補強のためにクルミ材をクギで留めた木枠を括り付けている。このようなものを幾つも作り，秋口にミズナラやコナラ，クリ，トチなどを入れて炉の真上に吊った［ひよせほげ］に載せて干した。［ひよせほげ］はここでは省略するが，やはり炉上の乾燥空間を利用する仕掛けである。一家の主人は火の番をしながら，時々，中のものを掻き回したという。

　3の［かばとうか］は横から幅広く剝いだサワグルミの樹皮の，丸まろうとするのを広げ，天地側の両端に，束ねたアワの茎を綴じ付けたもので，主には蒸したヒエの乾燥に使ったものだったが，クリやキノコの乾燥にも用いられた。

46　第1章　食料の乾燥処理，備蓄

3 ［かばとうか］ 長さ78cm 幅61cm（長内三蔵氏所蔵，サワグルミ）

第4節 炉上の乾燥空間利用 47

そのような「干したいもの，干したもの」を置く定位置が何故に台所の上部空間だったかというと，もちろん炉で薪を焚くことと深い関連性がある。炉上空間は室温が上昇する分，低湿度となるので，食料を含む「干したいもの，干したもの」を置くのに最適な空間となるのだった。立ち上る煙に曝されることで防虫の効果も大きかったのだろう。

　上記の「まげ」や［とうか］については，自分が共同研究者とまとめた北上山地の旧山形村小国，内間木集落の民俗誌である『山と生きる』の中に書いた「乾燥，保存のための入れ物」と題した一文は次のような主旨だった（名久井文明・名久井芳枝 2001）。

　「ナラ，クリ，トチを食料として利用するためにこれを乾燥して保存した。天日乾燥をしたが，それは本格的な乾燥の前処理として行うもので，乾燥の仕上げにはどうしても炉の火力が必要だった。そのために用いられたのが［タケとうか］（図1-18-2）やその類の浅い箱型容器で，底が簀の子になっている。その大きさに決まりはなく，素材であるタケの長さや，熱源の炉の大きさで決められる。深さには個体差があるが概して浅い。側面が板製のもあるが細いタケを縄目編みの手法で編んだ例もある。全ての個体の底部と，一部の個体の側面が簀の子で作られているのは，そこで作り出された隙間が，炉の熱気を取り入れて内容物を乾燥させるのに好適だったからである」。

　これらの嵩張る容器は堅果類やキノコが採れる秋口までは，「まげ」と呼ぶ天井裏に上げておく。秋口になって堅果類を拾う季節になるとそれを下ろしてきて，中に堅果類を浅く均し，炉の上に設置した［ひ干し棚］に載せて乾燥した。乾燥した木の実は，収納用の［むしろかます］に入れたまま保存することもあったが，乾燥用の容器がそのまま保存用としても使われることもあった（名久井文明・名久井芳枝 2001）。

　上のことを話してくれた内間木安蔵さん（大正12〈1923〉年生まれ）によれば，炉の四隅に高さが約80cmの「まだか（叉状の木）の木」を差して立て，それに横木を渡してクリやヒエの入った［とうか］を2つずつ，向きを「井」字状に変えながら3段，計6枚を置いたこともあったという。6枚の［とうか］に入れたクリが乾燥するには時々上下を入れ替えて3，4日かかる。このとき「ほど」（炉）には1抱えもあるような太い木をくべていぶし続けたという。

上のように食料の乾燥場所，あるいは乾燥食料の保存場所として炉上の「ひ
棚」やその上部空間を用いるのは決して特異な方法ではない。もしもこうした
視点から民俗調査を広く実施してみたなら，北海道から九州まで，屋内で炉を
用いた時代には炉上に設けた「ひ棚」やその上部空間を食料その他の乾燥の促
進や保存のために不可欠な空間として利用した例が広く分布していたことが判
明するに違いない。そこは昔から「干したいもの，干したもの」を置く好適な
空間として利用されてきたのである。それらの民俗事例は屋内の炉上空間が乾
燥食料の備蓄空間として大きな役割を担ったことを教える。

3　縄紋時代以降の乾燥用具推察

　前項で見た民俗事例を参照すると，竪穴住居を支えた掘っ立て柱どうしを連
絡する横木に丸木を載せ，その上に炉の熱気を取り入れやすい簀を敷いたり，
簀で作った箱状の「入れもの」や幅広く剝いだ樹皮を広げて作った浅い「入れ
もの」を置いたりして乾燥，備蓄空間としていたのではないかということが推
察される。掘っ立て柱を用いない竪穴住居では棚が作り付けられ，その上が乾
燥させたいものを置く定位置だったのではないだろうか。

　したがって発掘者によって［簀の子］や棚の上で木の実を保存したと解釈さ
れた長野県藤内遺跡（藤森栄一編 1965）や新潟県中道遺跡（長岡市教育委員会編
1996）のような例は決して特異なものではなく，他の遺跡でも普通に行われて
いたことが十分に考えられる。もちろん籠や袋に入れた堅果類を，垂木から吊
り下げた木の鉤に掛けて備蓄することもあったであろう。

　民俗事例を参照すると，低湿度空間に置かれる敷物には通気性が必要であっ
たと思われるから，図1-18-1のような簀が使われたことが予想されるが，
これまでのところ縄紋時代の簀の子状の敷物や樹皮製の浅い「入れもの」の現
物は発見されていない。それでも弥生時代の遺跡から発掘された浅い「入れも
の」は民具に共通する点があって興味深い。

　図1-19-1は奈良県唐古・鍵遺跡から発掘されたもので，同様に製作され
た2枚が重なって発掘されたのが，そのまま図化されている。長さが90cm，幅
が40cmぐらいの木枠に4本の補強材を渡した上に，長軸方向にタケひごを並べ
てから植物の葉を敷き，その葉を抑えるためのタケひごを上に置いて綴り留め

図1-19　乾燥用の「入れもの」——出土例と民具

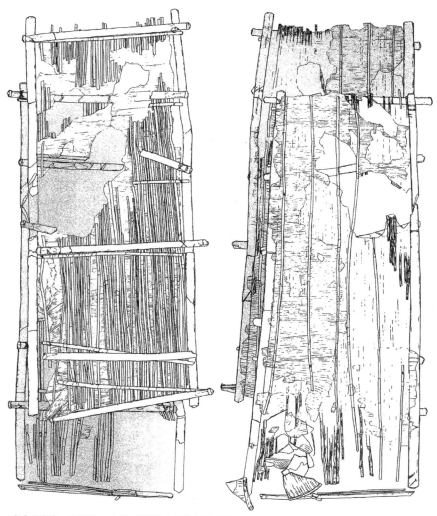

1 奈良県唐古・鍵遺跡　弥生時代（田原本町教委編2009）

2［とうとことうか］ 現代（岩手県旧山形村，内間木安蔵氏所蔵）

ている。発掘調査報告書では用途不明品としているが，図1-19-2に挙げた民俗事例に通じる乾燥用の「入れもの」として日向に出したり炉上空間に取り込んだりしたものではないかと推察される。

まとめ

・縄紋時代以降の人々は日向で乾燥させたクリや「どんぐり」，トチなどを竪穴住居の炉上空間で備蓄した。
・縄紋時代草創期の早い段階から，人々は食料の長期備蓄に大きな関心があり，そのために採られた手段が「乾燥処理」だった。
・わが国の伝統的家屋に見られた炉の上部に乾燥，保存空間を設ける民俗事例は，その淵源を尋ねると1万年を優に超える縄紋時代草創期まで遡る。

第2章　木の実を搗いた「搗き台石」

はじめに

　縄紋時代以降の遺跡から発掘される剝き身のクリや「どんぐり」は，民俗事例を参照すると，臼，杵が存在したことを物語る。しかし竪杵は発見されても臼の発見例は極端に少ない。その理由は木製の臼が土中で腐朽したことと「搗き台石」が使われていたためと思われる。「搗き台石」は植物性食料を食べるために旧石器時代から用いられ，縄紋時代へと連続した可能性がある。

第1節　縄紋時代の石臼

1　縄紋時代中期の大集落で使われた石臼

　縄紋時代中期，八ヶ岳山麓に展開した大遺跡である長野県棚畑遺跡は，国宝に指定された土偶の「縄文ビーナス」が発掘されたことで有名である。この遺跡の出土資料で自分が一驚したのは，縄紋時代後期に作られたという敷石遺構から発掘された甚だ大きな石器である（図2-1-1）。その大きさは石器の概念を超えており，むしろ設備と見た方が理解しやすい。それは大人が2，3人で力を合わせたとしても容易に動かすことができない大石を彫り窪めたもので，あまりの重さに重量を測定することができなかったらしい。

　この圧倒的な重量感のある超大型の石器をフロアに展示している茅野市尖石縄文考古館の学芸員である山科哲さんから，その深さを確かめていただいたところ，縁から14cm以上も彫り窪められている。幅が10cmを超す縁を残して彫り始められたその輪郭はほぼ楕円形だが，底に向かうにつれて落花生の殻のように中間部がくびれ加減になっているところを見ると，この大石を彫り窪めようとした縄紋時代後期の男たちは，たぶん二手に分かれて長軸方向の両端から同時進行で作業したのではないかと想像する。

　この石器を報告書は「石櫃」と記載しているが「内面底部に摩痕」が認めら

図2−1　縄紋時代の石臼

1 長野県棚畑遺跡　縄紋時代後期　長さ72.0cm 幅51.6cm 高さ25.8cm
　穴の深さ14.5cm 重量不明　安山岩（茅野市教委編1990）

2 長野県聖石遺跡　縄紋時代中期　長さ54cm 幅37.5cm 厚さ21.4cm
　多孔質安山岩（長野県埋蔵文化財センター編2005a）

れるという記載から，じつは臼であると思われる。縄紋時代最大のこの石臼が当時の生活面に置かれた状態で使われたのか，半分でも埋めた状態で使われたのか記載されていないので，臼の使用者が立って使ったか座って使ったか判明せず，それによって異なってくる杵の長さも想像できない。しかし明言できる

のは，この石臼の大きさ，形状から推察して，乾燥処理を施した皮付きのクリや「どんぐり」，あるいは生トチ，ふやかしてから皮を剝いたトチその他を搗こうとした使用者たちは，1度に3，4人がこの臼を取り囲んで作業できたはずだということである。永久的な使用に耐える最高度に堅牢な大石を彫り窪めた，これほど安定性抜群で生産性が高い石臼は，この遺

3 宮城県梨野A遺跡　縄紋時代中期　長さ30cm　幅21.3cm　厚さ13.4cm　重量10kg　安山岩（仙台市教委編1983）

跡以外には列島内のどこの遺跡からも発見されておらず，まさに空前絶後の石臼である。

　図2-1に示した諸例から，縄紋時代人がもっていた臼の概念を推察すると，これらと同様に彫り窪めて作った臼がもっと数多く発見されてもよいはずだが類例は稀有である。それに対して，臼，杵のような道具で搗かないかぎり入手できないはずの剝き身のクリや「どんぐり」が発掘された遺跡数は甚だ多いから，臼の出土例が少ないことには相応の理由があると思われる。その一つは，木製の臼が存在したが，土中で腐朽，消滅したことであろう。

2　臼の機能を分解する

　もう一つの理由として自分が推察するのは，銅鐸絵画に描かれているような臼，杵が普及する前は木や石を深く彫り窪めて作った臼だけでなく別種の道具も存在していたのではないかということである。その辺りに接近を図るため，試みに民具に見られる普通の臼の構造を分析的に観察してみると，木製でも石製でも，臼は必ず円く深く彫り窪められている。その点は稲作農耕技術に伴って伝えられた臼も同様なのだが，この形の臼で穀物等を搗くとき，杵の先が落下する臼の底から滑らかなカーブで立ち上がる内面の壁には2つの機能があるように理解できる。一つは，搗かれた，あるいはその余波を受けた対象物が周囲に飛び散ることを防ぐことであり，もう一つはまだ搗かれていない対象物を

第1節　縄紋時代の石臼　　55

杵の落下点に戻し続ける機能である。そのように臼の機能を分解的に理解すると，図2-1に示した縄紋時代の石臼や弥生時代以降の臼，あるいは民具に見られる普通の臼は，落下する杵を受け止める機能と対象物が飛び散ることを防ぐ機能を複合した製品と見なすことができる。

　複数の機能を併せ持つ臼がどのようにして誕生したか解明されていないが，もしかしたら，それぞれの機能を担う別個の物品を組み合わせて使った前史があるのではないか。そう推察すると，過去に，対象物を載せた状態で上から落下する杵を受ける台と，飛び散り防止の役目を担う物品を組み合わせて用いた段階があったのではないかと推察される。そのように理解することで初めて見えてくるのが，これまで「多孔石」と呼ばれてきた石器の使途，使用法である。

第2節　「搗き台石」の諸態様

1　「多窪み石」は「搗き台石」

　昔から「蜂の巣石」とか「多孔石」と呼ばれてきた石器の表面には，多数，少数の窪みが散在している。その窪みは人為的に石でコツコツと叩いたり，抉ったり，削り込んだりして作られている（図2-2）。貫通していない多数の窪みを多孔とは言い難いので，本書では「多窪み石」と呼ぶことにする。

　「多窪み石」は北海道から九州までの縄紋時代の遺跡から出土するが，その正体は不明で定説がない。素材として用いられる自然石には円礫も角礫もあるし，その形も平たいものから円みを帯びたものまで各様であり，平たい石もその平面形や厚さはさまざまである。壊されていないものは概して大きく，磨石のようには片手で持てない例が多い。そのような諸要素を勘案すると，この「多窪み石」の機能に関わっているのは大きさや全体形状ではなく，表面に散在している人為的な窪みである。

　図2-2-1の道訓前遺跡例は主として片面が使われたものであろう。平坦な接地面側に対して，多数の窪みを設けて使用された面は，縦方向にも横方向にも曲面をなした凸レンズ状の表面全体である。

　図2-2-2の桜畑上遺跡例は細長い円礫の表裏に多数の窪みを設けている。窪みが散っている範囲は長軸方向にも短軸方向にも曲面をなしている凸面の全

体に及んでいる。

　図2-2-3の横壁中村遺跡例も円みを帯びた自然石の2面を使い，両面に窪みを散らしている。図によると表裏に設けられた窪みは長軸上にも短軸上にも曲面をなしている凸面上に散在している。

　図2-2に示した諸例のように比較的大型で，多数，少数の窪みを散らした石器を必要としたのはどんな場合かと推察したとき，想起されるのは小石の中央部だけを彫り窪めた小型の「凹石」と呼ばれている石器である。第3章第1節で述べるように，自分は凹石とはクルミのような硬い木の実を打ち割るときに使われた台石で，その窪みは叩いたときの滑り止めであろうと推察している。後述するようにクルミの殻を割るには叩くべき角度を片手で保持しなければならなかったから，保持するクルミの数は常に1個であり，したがって滑り止めの窪みも1つでよかった。そのことをヒントにすると，「多窪み石」とは，乾燥させたクリや「どんぐり」の皮を除くとか，「あく抜き」のために搗き潰すトチの実といった，叩くべき角度を選ばない多数の木の実を1度に搗くための台石だったのではないか，というのが自分の推察である。

　ところが問題は，この石に多数の木の実を単に載せただけで搗いたなら周囲に飛び散ってしまうに違いないことである。だから搗く際には飛び散りを防ぐ何らかの手立てを講じたと見なければならないが，そのような遺物は発見されていない。しかし自分は「多窪み石」上に散在する窪みやその外縁だけでなく，窪みどうしの間も摩耗している例が珍しくないことに注目する。そこから推察して，飛び散り防止用の仕掛けを併せ用いたものの有機質素材で作られていた

図2-2　多窪み石

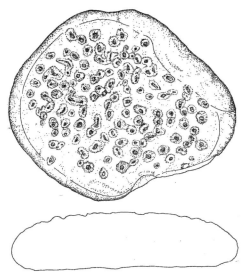

1 群馬県道訓前遺跡 J -25住居跡　縄紋時代中期　長さ33.2cm 幅38.6cm 厚さ10.0cm 重量13.6kg　輝石安山岩（北橘村教委編2001）

第2節　「搗き台石」の諸態様　57

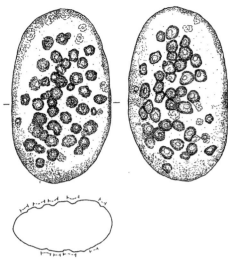

ので埋没している間に腐朽してしまったと推察する。それは具体的にどのようなものであったか。縄紋時代人が有していた技術力を踏まえて想像すると，最も推測しやすいのは図2-5のような幅広く横剥ぎに採った樹皮を丸めた筒である。あるいは植物素材を編んだり組んだりして作った筒状製品だったとも推察できる。その筒を，この種の石器の周囲に立て回すとか，上に立てることで飛び散りを防ぎながら，その中に木の実を入れて上から竪杵で搗いたのではないかというのが自分の推察である。

2 静岡県桜畑上遺跡3号住居跡 縄紋時代後期 長さ31cm 幅17cm 厚さ9.5cm 重量6.2kg 輝石安山岩（静岡県埋蔵文化財調査研究所編2011）

そのように「多窪み石」は，推察されるその機能に留意すると「搗き台石」と呼ぶべき石器であったが，それは「搗き台石」の一つのタイプに過ぎなかった。その辺りに接近できる鍵は石皿と表裏を使い分けた「搗き台石」である。

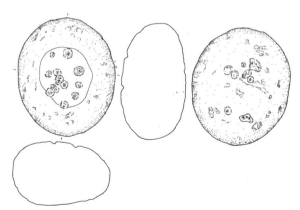

3 群馬県横壁中村遺跡38号住居跡 縄紋時代後期 長さ24.4cm 幅20.0cm 厚さ13.2cm 重量9.1kg 粗粒輝石安山岩（群馬県埋蔵文化財調査事業団編2009）

2　石皿と表裏を使い分けた多窪み石型の「搗き台石」

　前項で述べた多窪み石型の「搗き台石」は単独で用いられたばかりではなかった。図2-3のように石皿と表裏を使い分けることがあったのである。

　図2-3に挙げたような，石皿の裏面に「搗き台石」としての機能を備えた例は珍しくなかった。例えば乾燥処理を施したうえで備蓄しておいたクリや「どんぐり」を搗いて皮を除くのが目的であったなら「搗き台石」の役目はそれで済んだであろう。しかし生トチ，水に浸けてふやかしてから皮を除いた剥き身のトチや「どんぐり」などを搗き潰した場合には，その「搗き台石」を裏返した石皿上で磨石を往復させて荒碾きするとか，さらに細かく磨り潰した，といった形で使われたのではなかろうか。

　これまで見てきた諸資料に関して，ここではっきり確認しておきたいことがある。まず図2-2例についてだが，その正体を「搗き台石」と推察した「多窪み石」の中には，凸レンズのように緩く盛り上がった凸面の全体に窪みを散らした例が存在することである。そのように凸面の全体に窪みを散らした例は，明確に石皿として認識できる石器の裏面にも認められた（図2-3-1・2・3）。そこから言えることは，「搗き台石」は必ずしも平らでなくてもよかった

図2-3　石皿と表裏を使い分けた多窪み石型の「搗き台石」

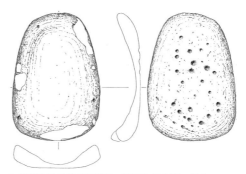

1　神奈川県川和向原遺跡　縄紋時代後期　長さ40.8cm　幅26.9cm　厚さ4.4cm　重量7.8kg　安山岩（横浜市ふるさと歴史財団埋蔵文化財センター編1995）

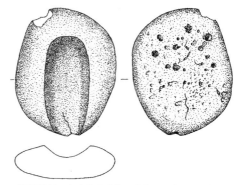

2　長野県判の木山東遺跡第9号住居跡床面　縄紋時代中期　長さ38.2cm　幅29cm　厚さ9.6cm　輝石安山岩（長野県教委編1979）

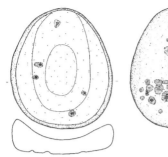
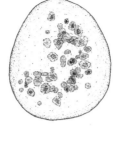

3 宮城県二屋敷遺跡　縄紋時代後期　長さ32.6cm 幅25.8cm 厚さ8.5cm 重量5.8kg　石英安山岩（宮城県教委編1984）

ということである。

重要なのはその次で、「搗き台石」は必ずしも窪みが存在しなくても機能したということである。そのことを教えるのが次に挙げる凸面利用型の「搗き台石」である。

3　石皿と表裏を使い分けた凸面利用型の「搗き台石」

　図2-4に挙げた石皿の裏面には人為的な窪みが彫られておらず、一見すると自然石の表面に過ぎないように見える。しかし精査すると緩やかに曲面をなしている状態のまま表面が摩耗している例が存在するところから、自分はそれを、「搗き台石」の使用痕であろうと見る。手で持った磨石の往復運動によって形成される石皿の使用痕とは明らかに異なっているその使用痕は「凸面摩耗」として認識されるべきもので、あたかも鏡餅のように凸面を形成する石器の特徴的な表面摩耗は未知の機能をうかがわせるのである。

　図2-4-1の海道前C遺跡出土例の石皿の裏面には図示されていないが実際には凸面の中央部付近に窪みが多いので図2-3に類する石器だが、この図の裏面中央部付近に不定形な区画に着色されていることに留意して、この類に入れた。この着色部分を観察すると表皮が失われており、触れてみると明らかに滑らかである。長軸方向にも短軸方向にも凸面をなしているこの付近が凸面を保った状態で摩耗しているのは「搗き台石」として用いられたことを物語っている。

　図2-4-2の比丘尼原遺跡例、同3の棚畑遺跡例の石皿の側縁部には工具で叩いて形成した紋様が彫られている。ここで注目したいのはこれらの裏面側である。2の比丘尼原遺跡例の石材には大小の黒色粒状の小石が混じっており、その硬度が高いらしく、摩耗していない側面等では、その小石が地の部分よりも高い状態を保っている。ところが裏面の最高部である中央付近の縦横約7cmと6cmぐらいの範囲では黒色粒状の小石と地の部分との高低差がなくなってい

るから摩耗していると判断される。その摩耗は長軸方向にも短軸方向にも曲面をなしている表面上に展開しており，別な工具が使われた痕跡も認められないから磨石を往復させたことによって生じた摩耗ではない。よって，この面は「搗き台石」として用いられたことによって生じた「凸面摩耗」であると理解される。

図2-4-3の棚畑遺跡例で注目したいのは紋様を施した一面の長軸上に形成された，幅狭く細長い溝状の部分である。断面図に表れているようにきわめて滑らかであることは磨石の往復運動によって形成されたものと理解され，掻き出し口を有していることと併せて，これが石皿であることを示す。その裏面には長楕円形に小穴を連ねており，個々の窪みの外縁ばかりでな

図2-4 石皿の裏面を使った凸面利用型の「搗き台石」

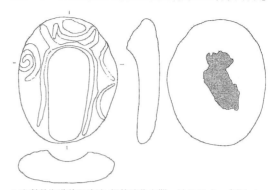

1 山梨県海道前C遺跡　縄紋時代中期　長さ44.6cm 幅34.4cm 厚さ11.6cm 重量21.2kg　安山岩（山梨県埋蔵文化財センター編2000）

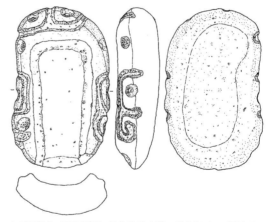

2 長野県比丘尼原遺跡　縄紋時代中期　長さ34.0cm 幅20.0cm 厚さ8.5cm　安山岩（原村教委編2005）

く小穴を連ねた区画の内部も摩耗している。その摩耗は長軸，短軸方向とも曲面をなしている凸面上に展開していることから，磨石を往復させたことによる摩耗ではなく，「搗き台石」として用いられたことによる「凸面摩耗」であると判断される。

図2-4-4の元屋敷遺跡例から発掘された「石皿」で，使用痕かと推測される小さな表面的損耗が散在する凸面と，中央部が緩く窪んでいる一面から構成

第2節　「搗き台石」の諸態様　　61

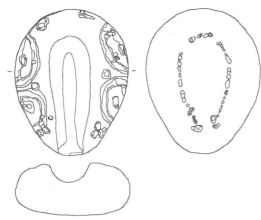

3 長野県棚畑遺跡第11号住居跡　縄紋時代中期　長さ41.8cm
　幅32.2cm　重量22.7kg　安山岩（茅野市教委編1990）

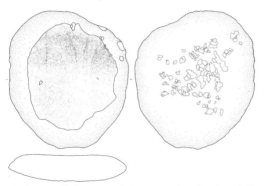

4 新潟県元屋敷遺跡　竪穴建物SⅠ30の床面直上出土　縄紋時代晩期　長さ50.7cm　幅43.5cm　厚さ約7cm　重量34kg　石英閃緑岩（朝日村教委編2002）

されている。自分が最も注目したいのは凸面をなしている方に認められる表皮の摩耗である（報告書写真図版251）。これは「凸面摩耗」を残している「搗き台石」と思われる。

図2-4に示した石皿と表裏を使い分けた諸例に基づくと「搗き台石」には必ずしも窪みが必要でなかったことは確実である。そうなると、ちょうど「多窪み石」が単独で用いられたことがあった（図2-2-1・2・3）ように、滑らかな自然石の凸面や平坦面上に窪みを設けないまま「搗き台石」として、単独で用いられる場合があったことを想定しなければならなくなる。

〈樹皮筒を用いた実験〉

　自分は右の想定の妥当性を確かめたいと思い、試みに、滑らかな自然石に自作の樹皮製の筒を立て、鳥浜貝塚から発掘された例を模して作った竪杵で、乾燥させたクリ、「どんぐり」を搗いてみた（図2-5）。するとクリも「どんぐり」も皮が破れて剥き身を容易に取り出すことができたし、捨てられる方の「どんぐり」の皮の中には円形に分離した「へそ」を見出すこともできた。飛び散り防止策を講じさえすれば、窪みを設けない滑らかな自然石でも、「搗き台石」として十分に機能する事実を確認できたのである。

図2-5 樹皮筒を用いた実験用具

4 凸面摩耗を残した「搗き台石」

　遺跡から，断面形が鏡餅や凸レンズのように曲面をなして膨らんだ自然石を利用した石器が発掘されると「石皿」として分類，記載される。それが真っ平な自然石を利用しているなら石皿として識別されるのも理解できるが，注視したいのは，表皮の薄皮1枚を取り除いたかのような「凸面摩耗」が認められる例が存在することである。その摩耗は手持ちで使う磨石の往復運動によって生じた，深浅の緩いU字溝を残す普通の石皿とは明らかに異なっており，凸面を保った状態のまま，ときには外光を弱く反射するほど表面が摩耗している例が認められる。それらは概して大型で重く，片手で持ち上げられないものがある。この「凸面摩耗」が認められる大きくて重い石器が真正の石皿でないとしたら，その正体は何であろうか。

　自分はこの石器を，乾燥処理を施してから備蓄しておいた干しグリや「どんぐり」類の皮を破るとか，生トチ，あるいは水に浸けてふやかした剥き身のトチや「どんぐり」類などを搗き潰すための「搗き台石」の一種ではないかと推察する。これまで考古学界で認識されてこなかったが，窪みを設けないまま用いられた「搗き台石」が存在しているという新たな見解である。

第2節　「搗き台石」の諸態様　63

図2-6 凸面摩耗を残した「搗き台石」

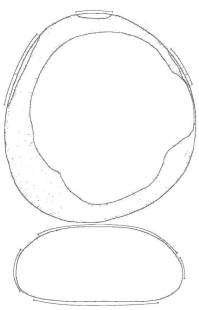

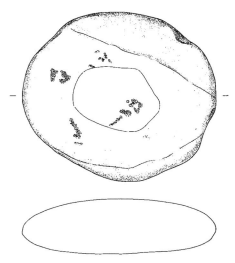

1 静岡県大鹿窪遺跡 縄紋時代草創期6号竪穴状遺構出土 長さ25.7cm 幅22.7cm 厚さ9.5cm 重量9.3kg（富士宮市教委編2018）

2 石川県ノミタニ遺跡 縄紋時代中～後期 長さ31.9cm 幅28.7cm 厚さ9.4cm 重量11.4kg 細粒砂岩（吉野谷村教委編1997）

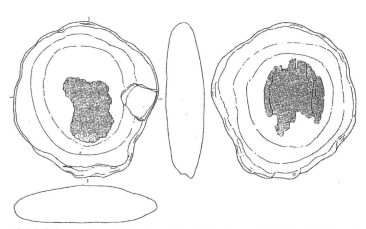

3 東京都多摩ニュータウンNo.72・795・796遺跡 縄紋時代 長さ36.9cm 幅33.5cm 厚さ8.9cm 重量16kg 凝灰岩（東京都埋蔵文化財センター編2005）

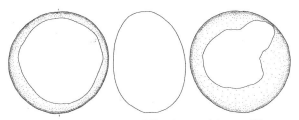

4 群馬県横壁中村遺跡　縄紋時代後期　長さ28cm　幅26.7cm　厚さ19.2cm
重量21kg　石英閃緑岩（群馬県埋蔵文化財調査事業団編2012）

　図2-6-1大鹿窪遺跡の6号竪穴住出土例の図化された上面の線描は摩耗している範囲を示すものとして正確である。側面等で摩耗が認められない部分と比較すると摩耗部分では表皮表面の細かな凹凸が消失し，平坦化しており，それに伴う色調の明色化が明らかである。その表皮に普通に散在している黒色粒状の細礫の過疎化あるいは微細化の進行，感触などから，その部分の摩耗が確認できる。その摩耗は「凸面摩耗」であり，おおよそ中央部にある頂上が滑らかに高い状態のまま残存しているところから，その摩耗は磨石の往復運動によるものとは思われない。ゆえにこの石器は石皿等ではなく，「凸面摩耗」が認められる「搗き台石」である。なおこの裏面側には摩耗の所見が認められないところから表皮がそのまま残存していると判断される。座りの良い方を住居の床に置いて使ったものと見える。

　図2-6-2のノミタニ遺跡例は，あたかも搗き上げてすぐ作った丸餅のような断面形をしており，報告書掲載図の凸面中央付近には区画が線描されている。それは表面全体に及ぶ凸面摩耗の中でも，この部分がとくに摩耗していることを表している。この石器を実見する前に白山市教育委員会から頂戴した写真によると，その上面中央部はストロボ光を反射していて驚いた。その部分の摩耗は表面を少しも変形させていないので，磨石の往復運動で生じた摩耗とは考えられないところから，これは「凸面摩耗」の痕跡が明瞭な「搗き台石」の好例である。

　図2-6-3東京都多摩ニュータウンNo.72・795・796遺跡例の場合，側縁など摩耗していない部分には表皮が良く残っており，茶褐色を呈するその表面には微細な窪みが伴う。それが同図左側の着色表現をされた中央部付近では微細な

窪みが見えず，色調も灰茶色に変化している。その理由は緩い頂部に顕著な摩耗から類推される。例えば磨石で磨って生じたような変形が認められない摩耗は「凸面摩耗」であり，この石器が「搗き台石」として使われたことを物語る。

　図2-6-4の横壁中村遺跡例は平面形が正円に近い球状の礫が選ばれている。実測図に描かれた表裏の線描は摩耗部分を表しており，発掘調査報告書には大型の円礫の両面に弱い磨り痕が認められる，と，記載されている。自分の言う「凸面摩耗」が両面に認められる例であり，これが「搗き台石」として使われたことを物語る。

　図2-6に見た「凸面摩耗」が認められる縄紋時代以降の「搗き台石」は，屋外で使われることもあったろうが，大きさや形状，出土例から推測して，竪穴住居の床面その他に置いて用いられたものがあった。述べたように，この台石の周囲や上には未発見の飛び散り防止用の筒状製品を立て，その中に入れられた堅果類等を搗く竪杵が上から下へ落下するだけだったので，この表面には磨石が往復する普通の石皿とは異質な痕跡である「凸面摩耗」が残されたのである。「搗き台石」と飛び散り防止用の筒型製品を組み合わせて使う用法は，たぶん木を彫って臼を作るよりも簡便だったから，木製や石製の臼が登場する前から出現し，木臼，石臼が使われるようになってからも作り，使われ続けたのではないだろうか。上のような滑らかな自然石を用いた「搗き台石」は旧石器時代に出現した可能性が高い。

第3節　旧石器人が残した小さなサークル
——旧石器時代にもあった「搗き台石」

　縄紋時代の石器に認められる「搗き台石」の使用痕である「凸面摩耗」を指標として旧石器時代の石器を探索すると，縄紋時代例に類する特徴がうかがわれる図2-7のような石器が見出される。

　図2-7-1の牧内第一遺跡例は，ナイフ形石器や台形石器，角錐状石器などが発掘されたC区の第Ⅶ層から出土した台石である。断面図に表れているように片面が盛り上がった滑らかな自然礫を利用しており，凸面上には大小の窪みが認められる。その窪みは大きさ，深さも不揃いであり，人為的に工具で抉っ

たものとは考え難いから，たぶん硬質の対象を搗く，あるいは打ったことによる損壊と見るのが妥当と思われる。

この使用痕に関して甚だ興味深く思ったのは，破壊されていない表皮との境界に，目視でもわかる1〜2mm程度の段差が認められたことである。もちろん使用痕側が低い。旧石器時代人がこの台の上に置いた対象物を敲き石で叩いて使ったとき，台石が表皮から破壊され始めて段差が生じるほど使い込まれることはあり得るだろう。しかし注目されるのは，図上左から下半

図2-7　旧石器時代の「搗き台石」と石杵

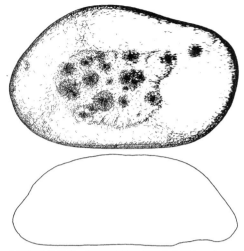

1 宮崎県牧内第一遺跡(宮崎県埋蔵文化財センター編 2007a)
①搗き台石　長さ19.3cm 幅12.4cm 厚さ9.2cm 重量2.7kg
砂岩

分にかけての，おおよそ10時方向から4時方向までの間が，C字形に緩くカーブしていることである。この段差を伴った滑らかなカーブを撮影しようと光線を真横から当てたところ，突如，小さなサークルが出現した（図2-7-1②）。予想外の事態に驚愕して我を忘れ，計測を失念した不覚を後で反省したのだが，円形の直径は7〜8cmぐらいのものであったと思う。

これを普通の敲き台と見るかぎり，段差が生じるほど潰された使用痕の範囲が円形となった理由を説明することは難しい，と，自分は思う。そこで思い起こすのは，縄紋時代草創期以降に例があるように，「搗き台石」には飛び散り防止用の筒状製品を立てて使う場合があったと推定したことである。その推定を援用してこの旧石器を見ると，石器の凸面上に認められる円形の内部が段差をもって一段と下がっているのは，このサークルの外側に飛び散り防止用の筒状製品を立てて杵を垂直に落として使ったからではないかと推察せざるを得ないのである。すなわち旧石器の中には，普通の敲き台石とは異なる器種として「搗き台石」と呼ぶ方がふさわしい石器が存在しており，飛び散り防止用の筒

第3節　旧石器人が残した小さなサークル　67

図 2 - 7 - 1 　②旧石器人が残した小さなサークル

状製品と併せて用いられたというのが自分の見解である。

　搗いて使ったと見る以上，杵に相当する用具があったはずと，この遺跡の報告書を見ると，実際，長さが十数cm〜25cmを超える棒状の自然礫の突端を使った石器が発掘されている（図2-7-1③）。細長い棒状の自然礫を利用している旧石器で使用痕が突端に集中している類は，側面上半に使用痕が残る敲き石とは別種の使用方法を示唆しているから，「石杵」として他と区別すべきではないかと思う。石杵は逆手に持って搗くであろうから，飛び散り防止用具の高さが推測できることになろう。

　この「搗き台石」の接地面側の所見も興味深い。側面等に残る表皮と比較すると明らかに荒れているが，それは表皮が除かれていることを示す。その表皮が除かれた表面上に，長軸方向からわずかに振れる角度に無数の傷が認められる。同様の傷は短軸方向に走るものも認められるが，これらは石で磨られた痕跡であろう。すなわち，この石器は表裏で「搗き台石」と磨り台石を取り合わ

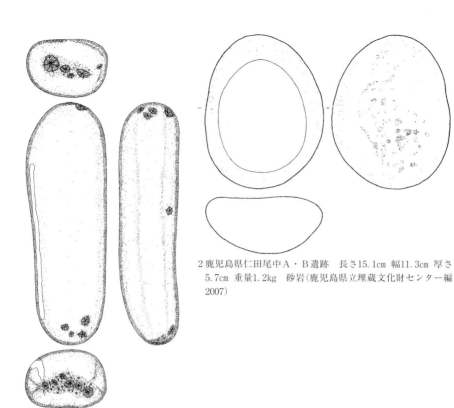

2 鹿児島県仁田尾中A・B遺跡　長さ15.1cm　幅11.3cm　厚さ5.7cm　重量1.2kg　砂岩(鹿児島県立埋蔵文化財センター編2007)

図2-7-1　③石杵　長さ25.6cm　幅8.0cm　厚さ5.9cm　重量2kg　砂岩

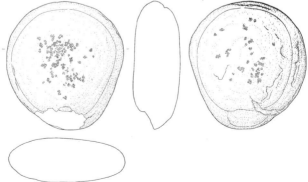

3 神奈川県用田南原遺跡　長さ22.1cm　幅19.8cm　厚さ7.6cm　重量4.7kg　デイサイト(かながわ考古学財団編2004)

第3節　旧石器人が残した小さなサークル　　69

せたものであり，縄紋時代の図2-3，図2-4の諸例のように，必要に応じて
裏返して使われた石器である可能性が高い。

　なお「搗き台石」と「石杵」は旧石器時代の遺跡から，しばしば発掘されて
いる。

　図2-7-2は仁田尾中A・B遺跡のⅦa層から水晶製局部磨製石斧，叩石，
磨石，三稜尖頭器，ナイフ形石器，台形石器，切断破片，削器，掻器，ドリル，
石鏃，石核，細石刃核等と一緒に出土したものである。この石器で最も注目さ
れるのは，凸面をなしている側の表面形状である。側面等に残る表皮と比較し
て凸面の過半の色調が新鮮な灰色であることは使用に伴って表皮が除かれたこ
とを物語る。その範囲内にわずかな損壊が散在しているのは使用痕と見られる
が，その使用痕はこの石器の凸面をなす長軸方向にも短軸方向にも分布してい
る。仮にこれが普通の敲き台であったとしたら，凸面をなした形態を保ったま
ま表皮が除かれることの説明が難しいのではないかと思う。凸面摩耗に通じる
ところがある表面の所見から，この凸面は飛び散り防止用の筒状製品を立てて
用いた「搗き台石」ではないかと推察される。

　この台石の裏面はいかにも石皿風に滑らかに窪んでいるばかりでなく，おお
むね長軸方向に走る線状の傷が数本ならず認められる。それは石で磨られた痕
跡と思われる。しかし裏面の全体的に表皮が残っているところから，本来の形
状を変えるほどには使われなかったと見られる。

　図2-7-3の用田南原遺跡例は「槍先形尖頭器を石器組成の代表とする」第
Ⅱ文化層第3石器集中地点から出土した，自然礫を利用した石器である。注目
したいのは，凸面をなしている表面のほとんど全体に使用痕が及んでいること
だが，大きさ，重さから推測して手持ちで使う磨石とは思えない。全体の色調
は白っぽく，内部に黒色，茶色，白色等の細礫を交えるが，掲載実測図のうち
右図の表皮にはその細粒が脱落した多数の微細な「あばた」状の穴が散在して
いる。しかし凸面の頂上部を中心として微細な凹凸が平準化されていることは
摩耗していることを物語っている。その摩耗は縦横ともに10cm余の範囲で凸面
を保ったままであるところから「凸面摩耗」に類している。そうした摩耗は掲
載実測図の左図側では必ずしも明瞭でないから，この石器は主に同図右側の面
を使った「搗き台石」と判断される。

「搗き台石」を使った旧石器時代人は，これで何を搗いたのであろうか。遺跡から木の実が発見された例はないので，当時の生活跡から取り上げられた炭化材や花粉を分析した自然科学者のデータを参照するしかない。それによると宮崎県勘大寺遺跡の調査で，ＡＴ層と呼ばれている約３万年前の降下火山灰層よりも下位の炭化物集中部からコナラ属コナラ節が検出されている（宮崎県埋蔵文化財センター編 2007b）。長野県貫ノ木遺跡でもＡＴ層の下位から採取された炭化材にコナラ節が含まれていた（長野県埋蔵文化財センター編 2000b）。同県日向林Ｂ遺跡でもＡＴ層の下位からコナラ節の炭化材が検出されている（長野県埋蔵文化財センター編 2000c）。静岡県富士石遺跡ではＡＴ層の下位から採取された炭化材にはコナラ節が発見されている（静岡県埋蔵文化財調査研究所編 2010）。神奈川県吉岡遺跡群では旧石器時代のⅨ層からコナラ亜属やアカガシ亜属の花粉が検出されている（かながわ考古学財団編 1999）。岩手県下嵐江遺跡の旧石器集中区７では１万5000〜１万6000年前に降下した浅間板鼻黄色軽石層よりも古い地層からコナラ属コナラ亜属やクリの花粉が分析されている（岩手県埋蔵文化財センター編 2013）。

　こうしてみると旧石器時代の人々の生活圏内にはカシワ，コナラ，ナラガシワ，ミズナラなど「どんぐり」を拾える木が生育していたと見てよいようである。これらの「どんぐり」は「あく」があるので民俗事例では必ず「あく抜き」されてから食用に供される。だから旧石器時代人たちは，まず「あく抜き」に邪魔な皮を取り除こうとしたであろう。その最も効率的な方法について民俗事例を参照すると，乾燥させて備蓄しておいたものを搗いたのではないかと想像される。乾燥「どんぐり」の皮を破るだけの杵なら木の棒でもよかったに違いない。しかし図示した牧内第一遺跡の「搗き台石」のように表面が損耗している台石に，使用痕が突端に集中している「石杵」が伴っている例がある。それは硬い物，例えば剝き身にしたカチカチの「どんぐり」（図１-９）を搗き潰した可能性を排除できない。それは「あく抜き」のためであったと推察するが，搗き潰した後，彼らはそれをどのようにして「あく抜き」して食べたか，という点については本書第４章で触れる。

　上記のような次第で当時の「あく抜き」方法については物証が発見されていないが，旧石器時代の遺跡から「搗き台石」と「石杵」がしばしば発掘される

第３節　旧石器人が残した小さなサークル　　*71*

ことは，彼らが食用植物を採集し，搗き潰していたことを物語る。

　一言，付け加えておかなければならないのは，旧石器時代の「搗き台石」の中には重量が4kgを超えるものがあることである（図2-7-3）。獲物を求めて移動生活をするときに，このような重量物を携えたとは考え難いから，彼らの移動範囲の中には回帰することを予定して重量物その他の生活用具を置いたり埋めたりしておく拠点が組み込まれていた可能性があるのではないか。

ま　と　め

・縄紋時代の遺跡から発掘される「多窪み石」は「搗き台石」の一種である。
・「搗き台石」は乾燥させたクリや「どんぐり」の皮を除くために使われた。
・「搗き台石」は旧石器時代の石器にも認められる。
・旧石器時代の遺跡から発掘される「敲き石」の中に，棒状の自然礫の突端だけに使用痕が集中するものがあるが，それは「搗き台石」に使われた「石杵」であろう。
・旧石器時代の「搗き台石」は，磨石，石皿などを用いる文化とともに縄紋時代へと連続している。

第3章　硬い木の実や種を割った石器

は じ め に

　縄紋時代の遺跡から，ときに万を超す割られたクルミの殻が発掘されるが，「クルミ割り」と呼ばれる石器は存在しない。民俗事例のクルミの割り方を参照して推察すると，その有力候補は昔から知られている凹石である。凹石を指標とするとクルミを含む硬い木の実や種子を割った可能性のある石器は，旧石器時代から縄紋時代へと連続している。

第1節　民俗事例に見るクルミの利用

1　採取から保存まで

　採取してきたクルミを食べるには，クリや「どんぐり」類よりも手数がかかる。クルミの食べられる部分は果肉の中心部に埋もれている硬い核の中身なので，まず果肉を取り除いて核を露出させなければならないからである。そこで毎年のようにクルミを拾って利用している人々から聞いた，採取してから中身を取り出すまでの手順を記載しておきたいが，それは，その手順が縄紋時代の昔から大きく変化していないのではないかと思えるからである。なお，以下でいうクルミはオニグルミのことである。

①実を採集する

　　熟して落ちる前に棹（棒）で叩き落として拾った。

　　先端が又状になっている鉄製の道具で，実を付けている小枝を折って落とした。

　　長い棒の先に［まっか］（二股の木）を付けたもので折り採った。

　　二百十日が過ぎてから，棹で落としたのを拾ったが，自然に落ちたのも拾った。

　　熟して落ちたのだけでなく，木に残っているのも採った。

第1節　民俗事例に見るクルミの利用　　73

熟して木から落ちたのだけを拾った。

②運ぶ

　［袋］に入れて運んできた。

③核を取り出す

　地面に広げて置いて，足で踏んで青い皮を潰した。

　盛り上げておいて，青い皮が腐ったころに足で踏んで皮を潰した。

　地面に広げて，2〜3日おいてから，［臼］［杵］で搗いた。

　［臼］または［一斗缶］に入れて［手杵］で搗いて青い皮を外した。

　ビール瓶で叩いて青い皮を外した。

④洗う

　バケツで洗った。

　大きな籠に入れて川べりに持って行き，洗って青い皮を流し去った。

　桶に水を汲んで，［ざる］で洗った。

⑤殻のまま干す

　［とうか］（樹皮製または板製の浅い入れ物）に入れて日向で干した。

　日向に敷いた［むしろ］に広げて，あるいは［ざる］に入れて天日で干した。

⑥保存する

　［袋］に入れて廊下にでも置いた。

　炉上空間の「けだ」の上に広げて，干しながら保存した。

　［かます］か［かんとう袋］に入れて炉上空間の「まげ」（けだ）に上げた。

　［ボール］または［みかん箱］，昔は［かます］に入れて保存した。

　民俗事例では，クルミの殻を良く乾燥させないと中身がかびるというのが常識なので，必ず十分に乾燥させたし，それを保存する場所は屋内で最も低湿度となる炉上空間が好適であるとされていた。前章で扱ったクリ，「どんぐり」，トチと同じようにクルミの殻もまた，昔から乾燥処理が長期備蓄の必須条件になっているのである。

2　中身を取り出して殻を始末するまで

⑦殻を割る

「にわ」で割った。

炉縁に殻の尖った方を当て、逆側を［木割り］で打って割った。

炉の火の近くに置いて暖めた殻を割った。暖めれば割れやすいからである。

太い木を玉切った「どんころ」または石の上で割った。

石の台の上で、尖った方を下にして、［木割り］の頭、または［金槌］で叩いて割った。

尖っているところが入るような凹みがある石の上で、［金槌］で叩いて割った。

図3-1　クルミを割る台と石（岩手県宮古市小国　新田ノブさん〈本書カバー写真の女性〉所有）

凹みのある石の上、レンガ、コンクリートブロックなど硬い台の上で割った。

クルミの殻の線と線を指で挟んで［手斧］とか［金槌］で叩いて割った。

木を玉切った台（図3-1）の上に殻の尖った方を下に向け、川原で拾った石で割る。

　このような台のことを表す名称で、岩手県内で聞いたのは、［ずんざい・ぎんぼうし・こんにょうぶ］などである。

東北地方の民俗事例ではオニグルミを割る際に尖端部を下に向けて逆側を叩く例もあるが、反対に尖端部を上に向けて、そこを狙って叩く例もある。また新潟県奥三面地方ではオニグルミを横向きに置いて叩くというから叩き方は必ずしも一様ではなかったことがわかる。

上に挙げた民俗事例にもあったように、殻の「線と線を指で挟んで」保持し

第1節　民俗事例に見るクルミの利用　　75

たのは，クルミの殻に備わっている性質が，クリやトチや「どんぐり」とは全く異なっているからである。乾燥処理したクリや「どんぐり」なら，ある程度多くの個体を［臼］に入れて無作為に搗いても全く支障なく皮を破り，除くことができるが，クルミの殻はそうはいかない。クルミの場合は殻の合わせ目（縫合線）から真半分に割ることができれば，食べる部分を効率よく取り出しやすいから，毎年クルミを拾って利用する人々では誰でも縫合線から真半分に割るように気を付けたのである。そのためには殻を無造作に叩くのではなく尖端を真下に，もしくは真上に向けて，あるいは所によっては横から，と，最も望ましい角度を保持して叩いた。それはクルミの自然科学的性質を利用した割り方であるから縄紋時代以降の人々も，そのようにして割ったと見るべきであろう。遺跡から発見される殻が真半分に割られているのが多いのは，そのようなわけがあったからである。

　クルミを割る民俗事例から自分が注視したいのは，割るために指先で摘み，特定の角度を保持する殻の数が常に１個であることである。これは台石の大きさや窪みの数が，１個のクルミに対応できれば足りたことを意味する。

　⑧中身を取り出す

　　［畳み針］や［竹串］で取り出した。

　　釘で取り出した。

　⑨殻を始末する

　　殻は［かばみ］（樹皮製の箕）に入れて運んで炉にくべると，よく燃えた。

　　炉やストーブで燃やした。火力が強いものだ。

第２節　硬い木の実を割った鉄器以前の石器

　割られたクルミの殻の最古の出土例は旧石器時代の新潟県荒屋遺跡から発掘されたものだが（芹沢長介・須藤隆 2003），現在のところ他に旧石器時代の出土例は発見されていない。出土例が多くなるのは縄紋時代以降のことで，大小の遺跡から量の多少に関わらずクルミの殻が発掘されている。驚くのは富山県南太閤山Ⅰ遺跡から発掘されたクルミの数で，半分に割れた殻が33万点もあったという（富山県埋蔵文化財センター編 1986）。この列島の住人が旧石器時代か

らクルミを採集して食べていたことに疑問を挟む余地はないのだが，それでいてクルミの殻を割ったと目される石器が，きちんと名付けられた遺物としては存在していないのである。しかし民俗事例を参照して考察すると，これまで見えなかった或る種の石器の機能が見えてくる。

1　台　　石

（1）縄紋時代以降の人々が使った台石

　クルミの植物学的特徴は今も昔も変わっていないだろうから，遺跡にクルミの殻を残した人々も現代民俗事例のような手順で果肉を除いて核を露出させ，殻を割って中身を取り出すしかなかったはずである。そのような不変の植物学的特徴を踏まえたうえで，この章で考察したいのは，遺跡にクルミを残した人々が殻を割るために使った，民俗事例の石やレンガ，コンクリートブロックに相当する当時の台はどんなものであり，割るために振り下ろした［金槌］［木割り］［手斧］に相当する道具は何であったか，という点である。

　民俗事例で紹介したようにクルミを割るために使われる台には，炉縁や，東北地方の人が「どんころ」と呼ぶ木の台のほか，石，レンガ，コンクリートブロックなど硬質素材の台がある。木の台を使う場合は殻の尖端を台に当てて逆側を叩くと尖端が木に刺さり加減となり，滑って逃げることがない。その具合が良くて同じ部分を使っていると台が損耗して窪んでくるから，殻の座りがますます良くなって暫く使い続けられた（図3-1）。だから昭和40年代に急速に姿を消した伝統的な茅葺民家の台所に切られた炉の縁にはクルミの尖端を当てて割った窪みが残っている例が珍しくなかったようである。

　これに対して石その他の硬い台を使う場合は必ずと言ってよいほど窪みがあるものを使った。それは窪みがないと叩いた際に滑って逃げるからである。そんな場合は窪みを作ってでも使おうとしたのは，すでに述べたように真ん中から真半分に割れるはずの要所を叩くための角度を保持する必要があったからである。

〈クルミの殻の保持の仕方〉

　クルミの殻が縫合線から割れやすいこと，そこから割ると中身を効率よく取り出すことができるという自然科学的性質は不変に違いないから，クルミを利

図3-2 縄紋時代以降の人々が使った，硬い木の実や種子を割った台石

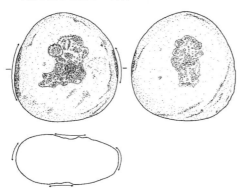

1 福井県鳥浜貝塚 縄紋時代草創期 長さ9.3cm 幅8.5cm 厚さ4.2cm 重量521g 細粒砂岩（田中2002）

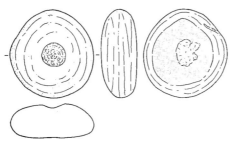

2 鹿児島県栫ノ原遺跡 縄紋時代草創期 長さ8.3cm 幅7.6cm 厚さ3.2cm 重量292.5g 中粒砂岩（加世田市教委編1998）

用し始めた当初から，人々は縫合線から割ることを心掛け，そのための道具を必要としていたと見るのが妥当であろう。旧石器時代の新潟県荒屋遺跡から発掘されたクルミの殻は小破片なので，縫合線から割ろうとしたものであったかどうか不明だが，縄紋時代以降の遺跡から発掘されたクルミの殻では縫合線から割られている例が高率で発見されており，そのことについてはすでに先人の研究がある。

上の民俗事例やクルミの自然科学的特性が不変であることを踏まえると，遺跡にクルミを残した人々も利き手でクルミの殻を打ち割るとき，他方の手の，たぶん親指と人差し指で摘むようにしてクルミを立てたであろうと想像される。そのとき彼らが尖った方を下に向けたか上を向けたか，あるいはどちらでもよかったのかはわからないが，はっきりしているのは，利き手に持った道具をクルミの要所を目がけて振り下ろそうとしたとき，作業者は叩くべき要所を上に向けて保持していたに違いないことである。そこで自分が注意したいのは，そのとき殻を割るために使われた台の大きさのことで，それは1個の殻を支えることができれば十分であったと思われる。

クルミを割る際に使われたであろう台石の形態や大きさをそのように推察した場合，既知の遺物の中で注視したいのが「凹石」と呼ばれている石器である（図3-2）。片手で容易に持てる大きさの円礫ないし円盤状の自然礫で，中央部に窪みが設けられたこの石器は古くから知られてきた。これをクルミ割り用

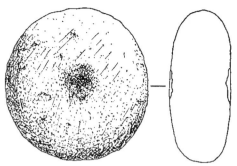

3 新潟県小瀬が沢洞窟　縄紋時代草創期か　長さ7.0cm　幅6.4cm　厚さ2.7cm　重量191ｇ　流紋岩質凝灰岩(中村1960)

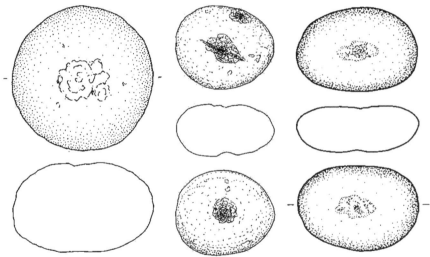

4 神奈川県羽根尾貝塚　縄紋時代前期　長さ8.2cm　幅7.6cm　厚さ5 cm　重量390ｇ　多孔質安山岩(玉川文化財研究所編2003)

5 北海道石狩紅葉山49号遺跡　縄紋時代中期　長さ6.5cm　幅5.7cm　厚さ3.6cm　安山岩(石狩市教委編2005)

6 岩手県馬立Ｉ遺跡　縄紋時代後期　長さ8.8cm　幅6.4cm　厚さ3.5cm　重量315ｇ　輝石安山岩(岩手県埋蔵文化財センター編1988b)

の槌と見る研究もあるらしいが議論は低調で，今も定説がない。自分は上に述べてきたように，民俗事例に基づくとクルミ割りの台石として使われたのは凹石であったと推察する。凹石の使途について，硬い木の実を割る台石であるとの見解を明らかにしている研究者がいたら，自分はそれに賛成する。

第2節　硬い木の実を割った鉄器以前の石器　　79

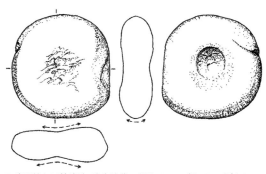

7 香川県上天神遺跡 弥生時代 長さ10.5cm 幅9.9cm 厚さ3.3cm 重量581g 砂岩(香川県教委編1995)

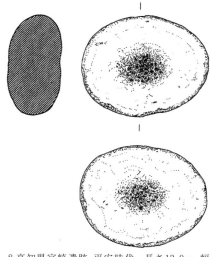

8 高知県宮崎遺跡 平安時代 長さ13.0cm 幅11.0cm 厚さ4.0cm 重量630g 粗粒砂岩(大方町教委編1992)

図3-2に例示したような凹石は，述べたように1個のクルミを摘まんで支えればよかったので滑り止めの凹みは1か所で用が足りた。だから，窪みは台石のほぼ中央部に設けられた。目的に叶う台石は，整形する必要のない滑らかな，程よい大きさの自然礫が河原や海岸で拾われた。その台石の特徴を指標とすると，形状が共通している石器は旧石器時代の遺跡からも発掘されている。

(2) 旧石器時代人が使った台石

旧石器時代の新潟県荒屋遺跡からクルミの殻の破片が発掘されているし，神奈川県吉岡遺跡群からはクルミ属の花粉が検出されているからクルミの木が生育していた所を生活圏としていた旧石器時代人たちがいたことは確かである。そのクルミを食べるには必ず殻を割らなければならなかったこと，割るためには石が好適な素材であることなどを総合的に勘案すると，生活圏内にクルミが生育していた旧石器時代人も殻を割るための石器を備えていた可能性が高いと見るのが妥当であろう。その石器の形を推察するうえで参照したいのは縄紋時代以降の人々が用いた図3-2のような台石と思われる。すでに述べたようにクルミを縫合線からきれいに割るためには打撃を加えるべき好適な角度を保持

図 3-3　硬い木の実を割った旧石器時代の台石

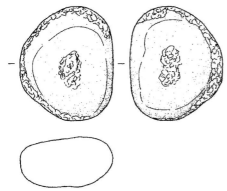

1 岩手県下嵐江Ⅰ遺跡　長さ10.65cm 幅8.5cm 厚さ4.6cm 重量586g　凝灰岩（岩手県埋蔵文化財センター編2013）

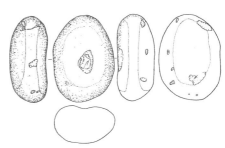

2 神奈川県吉岡遺跡群　長さ10.5cm 幅7.0cm 厚さ4.3cm 重量435g　安山岩（かながわ考古学財団編1997）

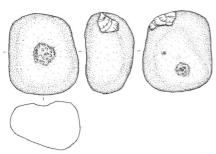

3 長野県貫ノ木遺跡　重量1470g　安山岩（長野県埋蔵文化財センター編2000a）

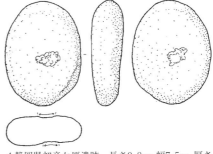

4 静岡県初音ケ原遺跡　長さ9.8cm 幅7.5cm 厚さ4.8cm 重量505g　安山岩（三島市教委編1999）

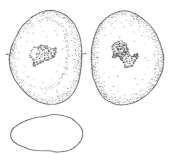

5 高知県ナシケ森遺跡　長さ10.4cm 幅7.84cm 厚さ4.26cm 重量447g 砂岩（大月町教委編2001）

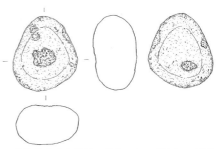

6 鹿児島県東免遺跡　長さ8.3cm 幅7.1cm 厚さ4.7cm 重量380g　安山岩（鹿児島県立埋蔵文化財センター編2004a）

第2節　硬い木の実を割った鉄器以前の石器　　*81*

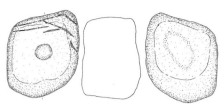
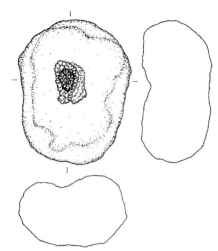
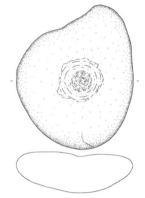

8 静岡県高見丘Ⅳ遺跡　長さ13.6cm　幅10.5cm　厚さ8.3cm　重量1870g　砂岩（静岡県埋蔵文化財調査研究所編1998）

7 長野県仲町遺跡　長さ13.6cm　幅10.3cm　重量880.5g　安山岩（長野県埋蔵文化財センター編2004）

9 神奈川県大和配水池内遺跡　砂岩（大和市No.199遺跡発掘調査団編2008）

しなければならなかった。だから図3-3のような，大きさも窪みの数も縄紋時代以降の台石と同様である旧石器が，これに該当する可能性が高い。

2　敲き石

（1）縄紋時代以降の敲き石

　遺跡にクルミを残した人々が殻を打ち割るために振り下ろした道具はどんなものであったかと考えたとき，参照したいのは［金槌］［木割り］［手斧］等を使って割る民俗事例である。それらはクルミの殻を縫合線から真半分に割るための必要条件を満たしているから使われたと見ると，そこには鉄器以前に使われた道具を推察するヒントがあるに違いない。

まず素材のことだが，鉄器が普及する以前にクルミを割ることができた硬い素材は石，すなわち石器が有力候補であろう。その大きさと形状についてだが殻を真半分に割るために打つべき要所は限定されており，面積的には点に近い。狙った点を逃がさずに叩くために使うのは，手に持った石器の角や稜ではなく平面的な部分だったであろう。また民俗事例で［金槌］のほか［木割り］［手斧］の頭部を打ち当てて割るのは，殻の要所を打つべき作用点が手元から真っ直ぐに伸びた柄の前方にあるからに違いない。そのような殻を打つべき作用点と柄の関係性は鉄器以前でも同様であるに相違ないから，要所を狙いどおりに叩くためには作業者が握った真っ直ぐな工具の前方にある平坦な面を打ち当てるのが適切であったと推察される。

　そうすると，遺跡にクルミを残した人々が殻を割るために使ったのは，大人でも子供でも片手で容易に扱えるような手頃な重さで，握りやすく滑らかに摩耗した，全体が細長く平坦部を備えた自然礫が使われていた可能性が高いと考える。そのような見当を付けて各地の出土例を見たとき，非常に気になるのが図3‐4に例示したような細長い自然礫の先端近くに使用痕を残している石器である。これを利き手で握り，握った先で打ったから，使用痕は先端に偏った部分に残されたのである。硬度が高い石や使用期間が短い石の場合には使用痕が希薄な敲き石もあったであろう。

　右の諸例を概観すると，次のような幾つかの共通点を見て取ることができる。

①これらは握りやすい滑らかさを備え，振り上げ，振り下ろしやすい大きさ，重さである。

②先端に寄った平坦な部分に使用痕が認められるのは，この石器を利き手で握り，硬い対象を叩いたことによって生じた損耗と見られる。

③表裏に窪みが残る例は，表裏，あるいは上下に頓着せずに使ったことを物語る。

　上のような所見から，自分はこの石器の正体を，使用者が台石の窪みにあてがったクルミやカヤ，ハシバミといった硬い殻や種子を打って割るために振り下ろした石器ではないかと推察する。上記のような推察に基づくと，旧石器時代の石器にも同類が見出せるようである。

第2節　硬い木の実を割った鉄器以前の石器　　*83*

図3-4　硬い木の実を割った敲き石

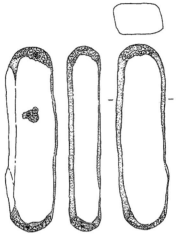

1 鹿児島県大野原遺跡　縄紋時代早期　長さ18.4cm　幅5.0cm　厚さ3.2cm　重量510g　輝石安山岩（鹿児島県立埋蔵文化財センター編2004b）

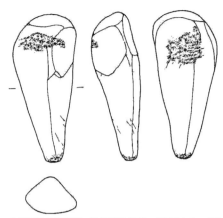

2 茨城県田島遺跡　縄紋時代前期　長さ14.1cm　幅6.0cm　厚さ4.6cm　重量360g　安山岩（茨城県教育財団編2006）

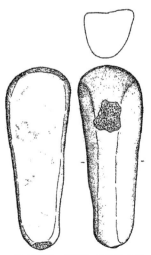

3 岩手県滝の沢遺跡　縄紋時代前～中期　長さ19.5cm　幅6.5cm　厚さ4.9cm　重量866g　安山岩（岩手県埋蔵文化財センター編2005）

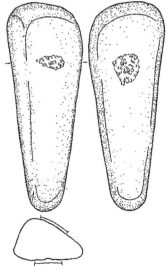

4 長野県三夜塚遺跡　縄紋時代中期　長さ10.0cm　幅4.1cm　厚さ3.9cm　重量445g　砂岩（山形村教委編2009）

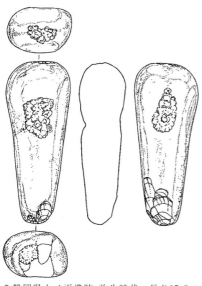

5 静岡県上ノ平遺跡 弥生時代 長さ15.3cm 幅5.9cm 厚さ4.3cm 重量471g 砂岩(静岡県埋蔵文化財調査研究所編2008)

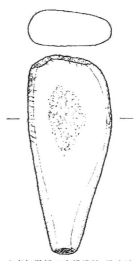

6 高知県緑の広場遺跡 弥生時代 長さ12.6cm 幅5.1cm 厚さ2.3cm 重量209g 砂岩(高知県埋蔵文化財センター編2002)

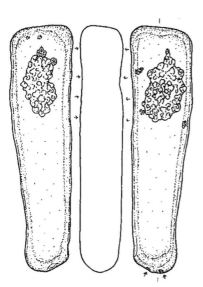

7 北海道キウス5遺跡 縄紋時代 長さ13.5cm 幅5.5cm 厚さ3.8cm 重量443g 砂岩(北海道埋蔵文化財センター編1998)

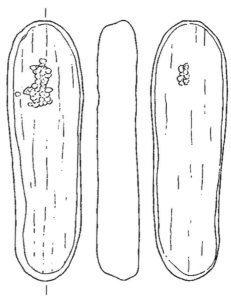

8 三重県大原堀遺跡 縄紋時代 長さ21.2cm 幅6.1cm 厚さ3.4cm 重量710g 片岩(三重県埋蔵文化財センター編2008)

図3-5 硬い木の実を割った旧石器時代の敲き石

（2）旧石器時代人が使った敲き石

　理化学的分析に基づくと生活圏内にクルミが生育していた環境下で暮らした旧石器時代人がいたことは明らかであるし，クルミを含む林相は縄紋時代へと連続したと理解する。クルミの殻やその他の硬い種子の植物学的性質は不変であろうから，その殻や種子を割るための道具に求められる諸条件が縄紋時代例と差があったとは考え難い。だから，割るための台石として縄紋時代の凹石に類する石器が旧石器時代においても使われたのである。そうして見ると，割るために殻を目がけて振り下ろした道具についても縄紋時代

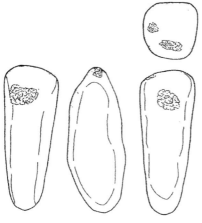

1 岩手県岩洞堤遺跡　長さ21.8cm 幅7.8cm 厚さ8.5cm　安山岩（岩手県埋蔵文化財センター編2009）

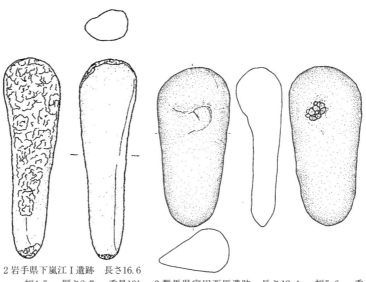

2 岩手県下嵐江Ⅰ遺跡　長さ16.6cm 幅4.5cm 厚さ2.7cm 重量181g　頁岩（岩手県埋蔵文化財センター編2013）

3 群馬県富田西原遺跡　長さ12.4cm 幅5.6cm 重量329g　輝緑岩（群馬県埋蔵文化財調査事業団編2008）

86　第3章　硬い木の実や種を割った石器

例を基に類推するのが合理的であろうと思う。図3-5に挙げた旧石器をその候補として理解したい。ただクルミの殻がしばしば発見される縄紋時代と異なり、旧石器時代の植生について自分は十分に理解していないので、これらの敲き石が対象としたのはクルミを含む硬い木の実や種と理解しておきたい。

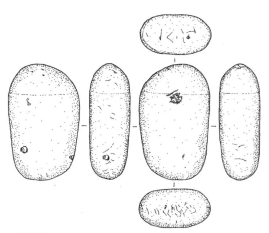

4 長野県貫ノ木遺跡　重量715ｇ（長野県埋蔵文化財センター編2000a）

ま と め

- 縄紋時代以降の遺跡から発掘される凹石は、クルミの殻や硬い種子を割るための台石である。
- 台石上で保持した小型の対象物に向けて振り下ろす「敲き石」の中に、「面」の部分で打つことを特徴とする未命名の石器がある。
- 上の両者とも旧石器時代から使われており、縄紋時代へと連続している。

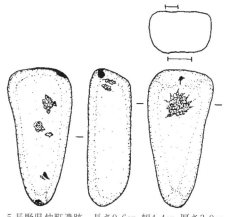

5 長野県仲町遺跡　長さ9.6cm 幅4.4cm 厚さ3.0cm 安山岩（長野県埋蔵文化財センター編2004）

第4章 「あく」抜き技術の開発史
——試論

は じ め に

　「あく抜き」技術の起源は謎のままだが，民俗事例で行われてきた「あく抜き」方法を考古学研究に援用するために，それぞれの方法が必要とする物質文化を手掛かりに発展段階を推察する研究手法があり得る。それによると或る種の「あく抜き」方法は旧石器時代に開発されていた可能性がある。「あく抜き」は食料を増やすに等しい技術として，農耕に先駆けて獲得された余剰食料の備蓄に直結する大きな意味をもった。

第1節　4種に分類される
　　　　民俗事例の「あく抜き」技術

1　「あく抜き」技術の全体像

　「あく抜き」とは，そのままでは食べられない植物性食料を難なく食べられる食料に変えてしまう技術である。例えば誰でも知っているようにトチノキの実（以下，トチ）や一部の「どんぐり」は苦いやら，えぐいやらで「あく抜き」をしないかぎり煮ても焼いても食べられない。それを食料に変えるのであるから「あく抜き」は，食べ物を増やし，乾燥処理技術と相まって余剰食料を生み出すに等しい大きな意味を持つ技術であった。

　そんなトチや「どんぐり」が縄紋時代以降の多くの遺跡から発掘されるので，考古学者も当時の「あく抜き」技術に大きな関心を寄せてきた。その際，考古学者たちが参照したのは民俗事例で行われる「木灰」を使って行う「あく抜き」方法だったが，それは民俗事例で行われる「あく抜き」方法の一部に過ぎなかった。自分はそうした考古学界の傾向に同調せず，参照すべき民俗事例については「発酵系」「水晒し系」「はな（澱粉）取り系」「灰汁（あく）合わせ

第1節　4種に分類される民俗事例の「あく抜き」技術　　*89*

図4-1　ソ　テ　ツ（沖縄県久米島自然文化センター前庭にて）

①ソテツの茎

②ソテツの実

系」の4分類とすべきことを主張してきた（名久井 2006）。

　また「あく抜き」について考察する従来の考古学が研究対象としてきたのは，自分も含めてトチや「どんぐり」だった。ところが，これまで考古学研究の対象としては取り上げられなかった，鹿児島県，沖縄県方面の民俗誌として記載されているソテツの「あく抜き」方法にはトチや「どんぐり」の「あく抜き」方法にはほとんど認められないものが存在していることに気付いた。従前の考古学研究では参照すべき民俗事例も対象植物も不十分だったのである。自分はその反省に立ち，従前の研究対象にソテツの「あく抜き」方法を加えることによって，この列島で行われてきた「あく抜き」技術の全体像が初めて鳥瞰でき

ると思うのである。

　自分は従来の研究の起点を見直すこの機会に，これまで基にしてきた自身の分類を見直し，トチの「粉砕タイプ」と「剝き実取り出しタイプ」の２大別を取りやめる。また前掲拙著で「はな（澱粉）取り系あく抜き」とした分類についても，布袋を使って漉したり搾ったりする工程を持つ類だけに限るように改め，同じ容器の底に沈殿するのを待つ類でも布袋を使わず，攪拌するだけで沈殿を待つ類は「水晒し系あく抜き」として分類し直す。そのように変更するものの，前掲拙著（50〜59頁）で分類した，そして以下の４分類については変更しない。

（1）発酵系あく抜き

●ソテツの発酵系「あく抜き」●　ソテツは植物図鑑によるとソテツ科ソテツ属で宮崎県以南，琉球，台湾，中国大陸南部に分布する常緑低木。高さが２〜４ｍ，径20〜30㎝の幹は柱状で，ときに分岐する（図４-１）。

　沖縄県の民俗学者上江洲均さんの著書には，上江洲さん自身が聞き取った幾つもの事例が紹介されている（上江洲均 1987）。それらは，調査年，話者の居住地，氏名を明記した信頼性の高いものだが，以下の引用にあたっては骨子のみに着目したので，詳しくは上江洲氏の原著を見ていただきたい。ソテツは幹を食べる場合と実を食べる場合があった。

　①幹を食べる場合

【ソテツ事例１】　ソテツの「幹の表皮の黒爪は削りすて，すぐ内側の白爪の部分を削り取って，七〜八日ばかり日に干し，ごみは捨て，ふつふつ折れるようになるとそれを清水につけ，毎日水をかえ，四日ほどたって十分に洗い，水気を除いて日に当て，俵の内側に芭蕉の葉を敷き，その上からニクブクや筵，かや，ススキなどでおおい，三日ほど蒸らせると，油気が黄色っぽくなる。この時取り出して半日ほど日に干し，曇天ならば風に当て，再び俵に入れる。このようなことを二〜三度くり返すと，六〜七日には発酵して，煮芋のようにやわらかくなる。ふくふく折れるのを集め，そのまま煮たり，穀類や芋などと煮て食べたり，粉にして調理することもある。折れないものはえり残してさらに俵に詰めて蒸れさせて処理する」（上江洲均 1987）。

【ソテツ事例２】　上のようにして「日に干して折れるころ，四〜五日程清水

に漬けて取り出し，田泥をもみ合わせ，一時間ばかり置いて十分に洗って俵に入れ，地面を掘って埋めておけば，六〜七日には発酵する。それを取り出し，日に干して粉をつくる」（上江洲均 1987）。

【ソテツ事例3】　平良市では「幹を食べた。幹を倒して削って干し，十日ばかり水に浸して調理した。幹を倒すのはヨキで，削るのは鎌でやっていた。ススキの葉を編んでそれに包んで発酵させていた」（上江洲均 1987）。

【ソテツ事例4】　久米島では「幹は，外皮を除き，中心に木の棒を打ち込んで足に踏み，大工用のかんなで削った。それを敷物において太陽に干すと白く乾燥した。食べるときは笊に入れて川水に浸し，一週間ばかりで取ってきて笊にワラで包んで発酵させ，熱が冷めたら洗って臼でついて粉にし，あとは実と同様の調理をする。臼につかない方法もある。発酵させてのち小さくちぎって米雑炊に加えて食べることもあった」（上江洲均 1987）。

【ソテツ事例5】　大宜味村では，幹を食べる場合は「削って日に干す。発酵させたのを柔らかい所をえらんで煮る。また発酵させて爪が立つころ，水に洗って日に干し，やや乾いたころ臼について粉にし，その粉で粥を炊く方法もあった。これにエビなどを加えて炊くこともあった」（上江洲均 1987）。

【ソテツ事例6】　国頭村安波では「幹を削って干し，二，三日浸してのち日に干し，笊に入れて発酵させる。それを出して干し，さらに洗って干してのち臼につく。その粉を炊く」（上江洲均 1987）。

【ソテツ事例7】　座間味村では「幹を削って洗い，それを芭蕉の葉で包んで発酵させ，その後臼につき，粉にして使う」（上江洲均 1987）。

②実を食べる場合

【ソテツ事例8】　久米島では実を取ってくると2つに割って干し，殻を除く。中身を乾燥させて保存した。それを「食べる場合は，甕に水を入れて浸し一週間ぐらいおくが，途中で水をかえる。干した実は少し黄色っぽいが，水に漬かった実は白っぽくなる。それを甕から出して水を切り，笊にワラを敷いて中に入れ，上からもワラで包んで発酵させる。四，五日から一週間で冷えるので，それを洗って臼でついて粉にする。粉は味噌，酒の原料になり，あるいは水でこねて蒸して餅にした」。この粉はソテツ粥を煮るときにも使った（上江洲均 1987）。

●トチの発酵系あく抜き●　トチの「あく」を抜くために発酵させる民俗事例で，研究者によって記載されている例は甚だ少ない。相当綿密な調査を行っている民俗学者の眼にもなかなか止まらないらしいので，もしも記載例があれば貴重な例である。前掲拙著（51〜52頁）では大下勇助さんによる岐阜県宮川村における事例，名久井による岩手県旧川井村の事例を紹介できたに過ぎない。

●「どんぐり」類の発酵系あく抜き●　自分は報告事例を見出し得ていない。

上の「発酵系あく抜き」に分類した諸例のうち，考古学研究の視点から留意しておきたいのは次の点である。

・各例とも積極的な加熱を行っていない。

・トチの実は秋に拾った皮付きの生トチ，あるいは昨シーズン以前に拾って天日乾燥し，保存しておいた皮付きのトチを水に浸けてふやかしたのを，［木槌］で細かく搗きつぶしたり，搗いて粉にしたりしたものを使う。したがって，その皮は粉砕される。

・発酵させる直前の対象物に用いる「もの」を見ると，必ずしも「入れもの」を必要としない（ソテツ事例1・3・4・7・8，トチ前掲拙著の事例1・2）。たとえ「入れもの」を使ったとしても，それは「水を漏らさぬ容器」でなくてもよかった（ソテツ事例1・2・4・6・8）。

・「地面を掘って埋める」ことで発酵させている事例がある（ソテツ事例2）。

（2）水晒し系あく抜き

●ソテツの水晒し系あく抜き●　幹も実も，水に晒して「あく」を抜くことがあった。

①幹を食べる場合

【ソテツ事例9】　ソテツの「幹の内皮は，厚さ三〜四分程を削り，晴天に七〜八日干し，ふくふく折れるころ水につけ，毎日水をかえて四日程たったころ取出し，十分洗って水気を除き，日に干して俵に入れ，ニクブクや筵でおおってのち風に当てて乾燥させて用いる」（上江洲均 1987）。

【ソテツ事例10】　大宜味村では「幹を芋くず摺りと同様おろし金に摺り，四，五回水をとりかえて澱粉を採る」（上江洲均 1987）。

②実を食べる場合

【ソテツ事例11】　粟国村では「角材の切れ端の中心に小さな穴をあけ，そこ

図4-2　ワラビの澱粉を取った民具の［根ぶね］と［根打ち槌］（岩手県西和賀町　小田島康廣氏所蔵）

ヘソテツの実を逆さに立てて包丁で割る。実は縦割りし，庭で日に干す。乾燥すると中の実が固くなり，殻から簡単に抜ける。その後も充分に干して保存する。使用するときは，水にひたしてアクを抜く。それを臼についで粉にし，蒸して味噌や酒の原料にしたり，だんごをつくったりする」（上江洲均 1987）。

【ソテツ事例12】　多良間村では「実を取って来て，殻をゲンノーで打つ。それを木臼でつき，二回樽で洗う。沈殿したのを取り出し，筵やふろしきにおいて，干す。お湯をかけると片栗粉のようになる」（上江洲均 1987）。

●トチの水晒し系あく抜き●　前掲拙著（52～55頁）で触れたようにトチの「あく」を，主に水で，時には灰汁水を加えて抜く技術があった。その際，佐伯安一さんによる富山県宇奈月町の例では桶を使ったし，名久井による岩手県西和賀町の，トチの粉を大きな［ふね（槽）］に入れて「あく」を抜いた事例は前掲拙著（53頁）の「水晒しあく抜き」方法で紹介した。その聞き取り調査の際に，「あく抜き」に使った［槽］の形態を類推できる資料を紹介したい。

図4-2は東北地方の脊梁山脈である奥羽山脈のすそ野に位置する岩手県西和賀町方面に分布していた，ワラビ根を打ちこなして澱粉を取るための［根打ち槌］と［根ぶね］で，これらを分厚い［根打ち板］と併せて使った。これらは食料の不足を補う目的で，ジャガイモの澱粉と混ぜて食べるワラビ根の澱粉を採るために大正時代まで使われたものだが，その使い方はこうである。山からワラビの根を掘って来たら川で洗って土を落とす。その根をケヤキ材で作っ

94　第4章　「あく」抜き技術の開発史

た専用の厚い［根打ち板］に載せて［根打ち槌］で丁寧に打ち砕く。すると根から白い汁が出てくるから，その根を［根ぶね］に移す。なるべく多くの根をそのようにして入れたら，［根ぶね］に水を入れ，砕けた根を十分に揉んで洗ってから引き揚げ，ごみを取り除いたら掻き回して沈殿を待つ。沈殿したら［根ぶね］を傾けて上澄みを捨て，また水を入れて掻き回すことを繰り返すと底に白い澱粉が溜まる。

　トチの大木を刳り貫いて作ったこの［根ぶね］は全長が1.8m弱，最大幅が58cm，高さが40cmの大型刳り物で，この地方で散見される［根ぶね］の大きさは，おおよそこのようなものである。その［根ぶね］の製作に丸太を使ったのには理由があって，これに打ち砕いたワラビ根と水を入れて「あく」を抜き，澱粉を取るためには上澄みを捨てて水を入れ替えることを何度も繰り返すとき，容器を丸太で作っているから全体を傾けて上澄みを捨てることが容易だったのである。

　ただしトチの「水晒しあく抜き」方法には必ずしも「水を漏らさぬ容器」を必要としない方法もあったことを明記しておかなければならない。すなわち前掲拙著（52〜55頁）で触れた江馬三枝子さんによる岐阜県白川村の，辻稜三さんによる岐阜県宮川村の，橘礼吉さんによる石川県白峰村の，坂本育男さんによる福井県大野市の事例は，いずれも落とし水を当てて「あく」を抜く方法であった。縄紋時代以降の植物食研究について早くから考古学界を牽引してきた渡辺誠さんが岐阜県旧徳山村本郷で調査した例も，次のように落とし水をかける方法であった。

　皮を剝いたトチの実が軟らかくなるまで煮る→［バケツ］か［鍋］に移し，三つ又になった［いもごて］でとろとろにする→［簀］の上に薪で囲いを作り，［麻布］を敷いたその上に先の煮崩した トチの実を入れた［ざる］を置く→水をかけて通す→［とゆ］で水をかける。「あく」もなにも入れない→かたく搾って砂糖を入れて，握って食べる（渡辺誠 1989）。

　●「どんぐり」類の水晒し系あく抜き●　前掲拙著（66〜67頁）では栗田勝弘さんによる宮崎県南郷村鬼神字橋場の調査事例を紹介した。

　この「水晒し系あく抜き」に分類した諸例のうち，考古学研究の視点から留意しておきたいのは次の点である。

・加熱処理を行っていない例がある。

・トチは，皮が付いたままで，あるいは前もって皮を除いてから搗いて粉に
　したものを使う。したがって皮ごと搗かれたトチの皮は細片となる。

・対象物の「あく抜き」直前の態様には，搗いて得た粉（「どんぐり」・トチ
　事例前掲拙著3・4・5・8・9・10），実を搗いたもの（ソテツ事例12），
　皮を剝いた実を煮たもの，皮を剝いた実をすり潰したもの（トチ事例前掲
　拙著7）などがある。

・対象物の「あく」を抜く際に，落とし水を掛けることによって，必ずしも
　「入れもの」を必要としない例がある（トチ事例前掲拙著4・5・6）。

・対象物を「水を漏らさぬ容器」に入れて「あく」を抜く類がある（ソテツ
　事例9・10・12，トチ事例前掲拙著7・9・10）。その容器の大きさには，
　［桶］のような比較的小型のものから，「槽」のような大型の剒り物であ
　る。

（3）はな（澱粉）取り系あく抜き

●ソテツのはな（澱粉）取り系あく抜き●

【ソテツ事例13】　ソテツの幹の「中の芯は薄く削り，水気を除き，日に干し
て一夜水につけ，次の朝すくい出し，清水で十分に洗い，水気を除く。その後
日に干して俵に入れ，ニクブクや筵などでおおって蒸らし，煮芋のようにやわ
らぐころ取出し，臼に搗き割り，水を入れて神酒を濾すように，布袋やソーキ
で粕があるかぎり濾し続け，四〜五度も水をかえ，澄みしだい上水をすて，と
ぎ水を沈殿させてクズをつくる。水かえは幾度も行うのが効果的である」（上
江洲均 1987）。

●トチのはな（澱粉）取り系あく抜き●　前掲拙著（55〜57頁）で紹介した橘礼
吉さんによる石川県白峰村の，柏村祐司さんによる栃木県栗山村の調査事例は
布袋で漉したり搾ったりしないので，今回の見直しによって「水晒しあく抜
き」に分類し直す。前掲拙著で紹介した名久井による岩手県西和賀町と同県川
井村の調査事例も「水晒しあく抜き」に分類し直す。

●「どんぐり」類のはな（澱粉）取り系あく抜き●　前掲拙著（67〜70頁）では栗
田勝弘さんによる大分県宇佐市の，名久井による岩手県久慈市，同県葛巻町，
同県宮古市の事例を紹介した。本書では次の3例を追加したい。

96　　第4章　「あく」抜き技術の開発史

【どんぐり事例１】 名久井文明が昭和62年に調査した岩手県岩手郡葛巻町江刈　上山セキさんの事例

　カシワ（地方名カスラギ）を水洗いし，［せんごく］に入れて水をきる。それを水車にかけて搗く。搗いたものを臼から［粉おろし］で掬い，箱の上でおろす。大きなポリバケツの上に［ざる］を置き，その上に，おろしたカスラギを空ける。その上から水を掛けながら，カスラギを手で揉む。何度も水を掛けながら揉む。ポリバケツに溜まったのを，［袋］に移す。別なポリ容器の中で［袋］を絞るようにして揉み出す。揉み出したら，さらに新しい水を加えて，さらに揉み出す。それを放置する。１日に１回，茶色をした上澄みを捨て，新しい水を加えることを10日間，繰り返して上澄みが透明になると出来上がり。上澄みを捨てる。底に残った「はな（澱粉）」を［粉おろし］で漉しながら［鍋］に移す。火加減に注意しながらガスコンロで煮る。半透明のこげ茶色になったら出来上がりで，［バット］に空ける。冷えてから切り，黄な粉をつけて食べる。

図4-3　カシワの「はな（澱粉）取り系あく抜き」（岩手県葛巻町）

１カシワの実を洗う

第１節　４種に分類される民俗事例の「あく抜き」技術　　97

2 水車

3 水車の臼に投入する

4 搗いた実を［粉おろし］でおろす

5 ポリバケツの上に［ざる］を置き，おろした実の上から水をかける

6 ［袋］に移す

7 搾る

8 何度も水を替えながら沈殿させる

9 ［鍋］に空けて火にかける　　10糊状になったら，別容器に移して冷ます

【どんぐり事例2】　宮崎県の民俗学者前田博仁さんが内山村で調査した「カシの実ゴンニャク」の製法（前田博仁 1987）

「県内に生えているシイやカシなどの実は，一部の種類を除いてそのままでは食べられない。特にカシの実はエグミが強い。まず，イチイガシやアラカシの実を拾って来て，水を入れた桶の中に入れる。これは虫のついた不良の実を選別するのとアクを抜く為である。この水晒しは二，三日から一週間程で，水はアクで薄茶色になってくる。これを干して臼で搗き，鬼皮をはずす。フルイで不要物をふるい分け，さらにヨソリで細かい不要物をさびり取り除く。それをさらに臼で搗いて粉にする。粉はサラシなど目の荒い布袋に入れ，水を入れた桶の中で澱粉をもみ出す。一昼夜おくと澱粉が沈殿するので上澄みを捨て，残った澱粉を再び袋に入れ，弱い流水で晒す。（中略）もう一度桶の中で澱粉をもみ出し沈殿させる。溜まった澱粉を鍋に入れトロ火で静かに混ぜながら煮る。煮えて粘りが出てきたら火を止めモロブタなどに移す。冷えたらゴマ豆腐状に固まるので，適当な大きさに切り，モロミや醤油，酢味噌などで食べる」。

なお，前田さんの上掲書には他に，クズの根，キカラスウリの根，ウバユリの根，キツネノカミソリの根などからも澱粉を取ったことが記載されている。

【どんぐり事例3】　松山利夫さんが調査された熊本県湯前町二本柿の例（松山利夫 1982）

昔の方法は「集めたイチイガシを水で洗ってから莚に広げ，天日で二日ほど乾かす。乾燥した皮のついたままの実を碾き臼にかけて，粉になるまで碾く。

粉になったイチイガシを木綿の袋に入れ，バケツの水の中で袋を繰り返し揉んで，澱粉を搾り出す。その搾り汁を桶に移す。澱粉が桶の底に沈んだのを見きわめたら上澄みをそっと流し，再び水をそそいで手で混ぜたあと，翌日までそのまま静かにしておく。次の日も上澄みを捨て，水をそそぐことを三度繰り返す。次の日の午後，桶の底に沈んでいる澱粉が流れてしまわないように注意しながら，上澄みを全部捨てる。この澱粉に大量の水を加えて混ぜ，鍋に移してから，薪を燃やしている竈に据え，ゆっくりと炊きはじめる。30分も炊くと次第に粘りが出はじめる。この間，焦がさないように，火加減をみながら杓子でたえず鍋の中を混ぜ続ける。炊きはじめてから40分ぐらいすると杓子ですくってもしたたり落ちないようになったら炊きあがりである。この煮汁を木箱に入れて一晩さますと，イチゴンニャクができる。これを包丁で薄く切り，煮物に使ったり酢味噌をつけて食べたりする。「どんぐり」特有の渋さはまったくない」。

『延喜式』等に散見される「甘葛煎」や「甘葛汁」は，葛の根から採った澱粉を材料として作られたものであろう。平安時代には臼も杵も，漉すための布袋も，桶もあったから，根を搗き砕いて桶の中で洗い，袋で漉して沈殿するのを待って澱粉を得たことは確実である。だから上に述べた澱粉を取る現代の民俗的技術が古代まで遡ることは史料から裏付けられるのである。

この「はな（澱粉）取り系あく抜き」は「水晒し系あく抜き」の一部である「水を漏らさぬ容器」を用いる類とよく共通しており，異なっているのは漉すための袋を使うか否かだけである。そのことから「澱粉（はな）取り系あく抜き方法」は「水晒し系あく抜き方法」の発展形と見る。

この「はな（澱粉）取り系あく抜き」に分類した諸例のうち，考古学研究の視点から留意しておきたいのは次の点である。

・いずれの場合も積極的な加熱を行っていない。
・「水を漏らさぬ容器」を必要とする。その容器として，［ポリバケツ］［バケツ］［桶］などが使われた。
・内容物を漉すための［袋］を必ず使う。その袋は布袋，木綿の袋で，民俗事例では，たぶん全例が織物である。
・「どんぐり」類には皮を除いてから搗いて粉にする例があるが，皮ごと搗

第1節　4種に分類される民俗事例の「あく抜き」技術　　101

いたり［碾き臼］で擂ったりする例もある。したがって後者の皮は細片に
なる。

・トチを皮ごと搗く場合もあったから，その皮は細片となる。

（4）灰汁合わせ系あく抜き

●ソテツの灰汁合わせ系あく抜き●

【ソテツ事例14】　多良間村では幹を「手斧でけずって干す。その後，桶の水
に木灰を入れて浸し，上から丸い板をのせ，重石をかける。一週間ばかりおく
が，途中一回水を取りかえる。浸したのは洗い，堅い繊維部分を除いて鍋に入
れ，汁が減るまで煮て味噌か醤油で味つけする。それにサツマイモを加えてこ
ね，ダンゴにする」（上江洲均 1987）。

●トチの灰汁合わせ系あく抜き●　前掲拙著では江馬三枝子さんによる岐阜県
白川村の，松山利夫さんによる岐阜県旧徳山村の，名久井による岩手県川井村
の調査事例を紹介した。本書では次の一例を追加したい。

名久井が岩手県九戸郡山形村小国　内間木安蔵さん（大正12〈1923〉年生ま
れ）から聞き取った話

トチを拾う時期はクリよりも少し遅れる。家族で山に行き，腰に付けた籠に
拾い集め，それが一杯になったら［ばった袋］（布袋）に移し，それを背負っ
て帰る。拾ってきたトチは［とうか］に入れ，日当たりの良い所に並べて天日
乾燥してから，炉の上の「まげ」に上げて保存した。食べるときは，乾燥させ
たものを籠で１つぐらい水に戻し，台所の炉端で皮を剝く道具に挟んで皮を剝
いた。その道具は家に２つ，３つあった。皮を剝いた実を，ナラの実の「あ
く」を抜くときに使うのと同様の灰汁水に１週間か10日間浸けた。その「入れ
もの」は長さ90cm，深さ20cmより浅いぐらいの，丸太を削って作った［ふね］
である。母は灰汁水に浸けてあるトチを爪で割ってみて，「トチの実の表面の
灰汁水の色が中まで浸みたら揚げても良いということだ」と言っていた。それ
を［ばった袋］に入れて川まで運び，流れ水に入れておく。割って食べてみて，
これでよいとなれば家に持ち帰る。そのときのトチはポサポサして苦くも辛く
もない。このトチを椀に取り，あるいはこのトチを［鍋］で煮てから椀に取り，
黄な粉や湯で薄めた蜂蜜を掛けて食べた。黄な粉はダイズを炒り，「ばった
り」で搗いて粉にしたものだった。そのようにして，ごはん代わりに何杯でも

食べたいだけ食べた。母親はよく他の家に持って行ってあげていたものである。そのようにしてトチを食べたのは昭和7年ごろのことだった（名久井文明・名久井芳枝 2001）。

なお，この「灰汁合わせ系あく抜き」で処理されるトチは，民俗事例によると乾燥して保存されていたものを用いる。民俗学者の記載によると，皮を剥いて取り出す剥き身はなるべく大きな状態で取り出さなければならなかった。なぜなら実が細かいと木灰と併せて加熱している間に溶けてしまうからであった。実をなるべく大きく取り出そうとすると，剥かれた皮が大きな破片となるのは道理だった。

そのような民俗事例に学び，自分も乾燥したトチをふやかして，皮を破り，実をなるべく大きな状態で取り出してみたのが図1-15である。トチの実を大きく取り出した場合，その皮は概して大きな破片となる。自分はこの経験により，遺跡から発掘されたトチ皮の大破片は，当時の人が乾燥処理，保存されていたトチを水に浸けてふやかし，その皮を破って中身を大きく取り出したことをうかがわせる物証であると理解した。

●「どんぐり」類の灰汁合わせ系あく抜き●　前掲拙著（22～27頁）では名久井による岩手県久慈市の，同県旧山形村の，同県葛巻町の調査事例を紹介した。

この「灰汁合わせ系あく抜き」に分類した諸例のうち，考古学研究の視点から留意しておきたいのは次の点である。

・「あく抜き」の前処理として，［袋］に入れたトチを川に浸ける例がある（前掲拙著トチ事例16）。

・「灰汁」と合わせる際，積極的な加熱を行わない例がある（ソテツ事例14，前頁内間木安蔵さんの事例）。その際に使われるトチは乾燥，保存しておいたものである。

・「あく抜き」に使われる「水を漏らさぬ容器」は［桶］（ソテツ事例14），丸太を削って作った［ふね（槽）］（前頁内間木安蔵さんの事例）である。

・「灰汁」と合わせる際，加熱する例がある。「あく抜き」に使われるトチ，「どんぐり」類は必ず乾燥，保存しておいたものである。その際に使われるトチは，なるべく大きな状態で取り出そうとした。そのときに除かれたトチ皮は大破片となる。

その際に使われる「水を漏らさぬ容器」は［鍋］または［釜］（トチ事例前掲拙著14，どんぐり事例4・5）である。

・「あく抜き」の後処理として，［かます］に入れて川に浸ける例がある（前掲拙著トチ事例15）。

2　民俗事例に見る「あく抜き」技術と適用される植物

民俗事例の「あく抜き」方法には上に挙げた複数の方法を複合させている場合が珍しくない。その複合関係を整理すると，この列島で行われてきた伝統的な「あく抜き」方法は，重曹を使うような化学的手段を別にすると，上に挙げた「発酵系」「水晒し系」「はな（澱粉）取り系」「灰汁（あく）合わせ系」の4種類に整理される。

いま，ソテツやトチ，「どんぐり」類を対象として行われる「あく抜き」方法をまとめると表4-1のようになる。「どんぐり」類を対象とする発酵系あく抜きが行われたかどうか自分は見聞したことがないが，だからといって古い時代になかったとは言い切れない。おそらく，この4種類の「あく抜き」方法は，この列島の住人たちが，そのままでは食べられない，あるいは食べ難い植物性食料の可食化を図るために，物質文化の発達に合わせて工夫を重ねてきた痕跡と見ることができるのではないかと思う。

表4-1　民俗例に見られる「あく抜き」技術と適用される植物

「あく抜き」方法の種類	トチ	「どんぐり」類	ソテツ
発酵系あく抜き	○	?	○
水晒し系あく抜き	○	○	○
はな(澱粉)取り系あく抜き	○	○	○
灰汁合わせ系あく抜き	○	○	○

第2節　「あく抜き」技術の起源探究

1　物質文化の発達段階から想定する「あく抜き」技術

前項で見たように4種類の「あく抜き」方法は近現代まで併存していた。しかし，それらの技術が開発された時期はたぶん異なっている。その開発順を知

り得る出土遺物や直接的物証を見出すことはできないが，その段階的推移については，それぞれの「あく抜き」方法を実施するために必要な物質文化から推察することができるのではないか，というのが自分の着想である。その辺りについては次のように考えてみたい。

（1）第 1 段 階──「発酵系あく抜き」

民俗事例を参照すると，「発酵系あく抜き」方法は必ずしも「入れもの」を必要としないから，4 種の「あく抜き」方法のうちで最も早い段階に開発されたものではないかと推察する。「入れもの」を必要としない方法であるから，土器以前，すなわち後期旧石器時代のうちに開発されていた可能性を否定できないことになる。しかし実際に「あく抜き」方法の痕跡が見出されるのは縄紋時代草創期以降である。

〈縄紋時代草創期〉

まず注目したいのは鹿児島県志布志町の東黒土田遺跡から発掘された縄紋時代草創期の「どんぐり」である。調査者によるとそれは隆帯紋土器片が出る地層よりも下位に作られた「木の実貯蔵穴遺構」にびっしり詰まっていたもので，その「木の実の炭化物」は「外皮を取り除いた内実だけのもの」だったという（瀬戸口望 1981）。その「木の実」を収蔵している鹿児島県歴史資料センター黎明館で実見させていただいたところ，丸みのある類と細長い類の「剝き身」の「どんぐり」類だった（前掲拙著209頁写真）。

自分はかつてこの東黒土田遺跡例を民俗事例の土中保存と関連づけて理解したが，前掲拙著（208頁）ではそれを保留と改めた。見立てを変えたのは，この遺跡の「木の実貯蔵穴遺構」にびっしり詰まっていた「どんぐり」が「剝き身」であることを重視したからである。「どんぐり」が「剝き身」であることは，本書第 1 章第 2 節で述べたようにそれが長期保存を意図して乾燥処理され，食べるための準備として，搗いて皮を除いたものであることを物語っている。言わば食べるための下準備が済んだものが，平たい石を敷いて構築した「木の実貯蔵穴遺構」にびっしりと詰めた状態で保存されたと見たのは誤りであった。

南九州における草創期の隆帯紋土器段階（約 1 万5000年前）というと，すでに竪穴住居が構築されていると理解してよいと思われるから，食料を保存する場所なら住居内こそふさわしい。そう考えると東黒土田遺跡例は土中に保存し

図 4-4　宮崎県王子山遺跡出土炭化物出土土坑 縄紋時代草創期（都城市教委編2012）

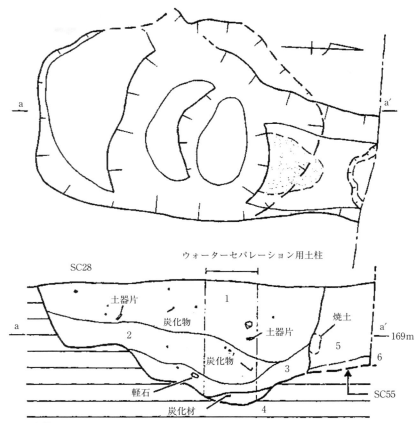

１ＳＣ土坑

たのではなく，民俗例のソテツ事例２のように土中に埋めることによって発酵を促すためだったのではないかという推察を捨てきれないのである。発酵学の権威から，栽培植物学の先達，中尾佐助の研究に「埋土発酵」があることを教わったのを機に他の出土例を見ると，東黒土田遺跡例と同じ草創期に剝き身の「どんぐり」が土坑から検出された例がある。例えば草創期の隆帯紋土器が出土した宮崎県王子山遺跡（都城市教育委員会編 2012）の土坑（図4-4-1）から発見された「どんぐり」が剝き身だった（図4-4-2）ことは，「埋土発酵」でなかったとは言い切れないのである。

2 王子山遺跡出土 剝き身の「どんぐり」(都城市教委所蔵)

　報告書によるとそれらはコナラ,ミズナラ,アベマキなどで,すべて「剝き身」だったというから,これも本書第1章で述べたとおり,乾燥,保存された後に臼,杵の役割をもった道具で搗いて皮が除かれたものである。すなわち食べるための下準備が整っているものを土中に貯蔵したとは考え難い。コナラ,ミズナラは民俗例では「あく抜き」してから食べるのが常だから,王子山遺跡の人々もそれらの「あく」を抜いて食べていたと見るべきであろう。この遺跡からは東黒土田遺跡のような石を敷いたり区画したりした施設は発見されなかったが,「どんぐり」が土坑等から発掘されたというのは,土中に埋めることによって発酵させ,「あく」を抜いたものの回収洩れとは考えられないだろうか。

　群馬県西鹿田中島遺跡(笠懸町教育委員会編 2003)の71号土坑からはカシワの可能性が高い実が,75号土坑からはコナラの可能性が高い実が検出された(前掲拙著207頁写真)。ともに約1万4000年前の爪型紋土器段階。カシワもコナ

第2節 「あく抜き」技術の起源探究　　107

ラも，民俗例では「あく抜き」してから食べるのが常だから，西鹿田中島遺跡の人々もそれらの「あく」を抜いて食べていた可能性が高い。これらを実見させていただいたところ，双方とも皮が除かれた「剝き身」だったから，やはり長期保存を意図して乾燥処理され，食べるための準備として，搗くことで皮が除かれたものである。すなわち食べるための下準備が整っているものを土中に貯蔵するとは考え難いから，これらも貯蔵されていたのではなく，土中に埋めて発酵させ，「あく」を抜いたものの回収漏れだったのではなかろうか。

〈縄紋時代早期〉

　鹿児島県干迫遺跡の20Ｆ土坑，北海道八千代Ａ遺跡の土坑その他から「剝き身」の「どんぐり」類が発掘されている。

〈縄紋時代前期〉

　岩手県峠山牧場Ⅰ遺跡Ｂ地区のｒｄ11土坑から，「剝き身」の「どんぐり」類が発掘されている。

〈縄紋時代中期〉

　青森県野場（５）遺跡の第11号土坑の底付近から皮付き，あるいは「剝き身」のトチが多量に出土した。岩手県御所野遺跡のＧＥ56-05土坑からトチが発掘されている。

　山形県市野々向原遺跡の土坑から皮付き，あるいは「剝き身」のトチを中心とする大量の炭化した実が出土した。

〈縄紋時代晩期〉

　山梨県三宮地遺跡の３号土坑から多量の皮付き，あるいは「剝き身」のトチが出土した。

　上に見た諸例のように土坑内から「あく抜き」を要する「どんぐり」類やトチが発掘されている例はまだまだあるだろう。それらの中に埋土発酵の痕跡がないか探索してみる価値があるのではないか。ただし縄紋時代中期，宮城県小梁川遺跡のフラスコ状土坑，縄紋時代後期，東京都多摩ニュータウン№194遺跡の54号土坑，青森県風張（１）遺跡の330号土坑の底面などから発掘されたトチは皮付きであるという。皮付きのままでトチを発酵させる民俗事例は発見されていないと思われる。また縄紋時代後期青森県地蔵沢遺跡の第11号土坑内には皮付きのトチと共にクリが集中していたという。「あく」のないクリを埋

108　第４章　「あく」抜き技術の開発史

土発酵の対象にするとは考え難いから，先の皮付きのトチと共に，土坑が貯蔵穴として使われることもあったということであろう。

　このように明確な物証を見出し難い「発酵系あく抜き」技術だが，これという容器を必要としないものであるから，旧石器時代例を含めて土坑から剝き身のトチや「どんぐり」の破片でも検出されていないか留意する必要がある。「あく抜き」が必要でないクリ，クルミ，皮付きのトチ，「どんぐり」類が検出された場合は貯蔵穴と見るのが妥当であろう。

（2）第 2 段階──「水晒し系あく抜き」

　この章で述べたことだが，民俗事例で行われるトチの「水晒しあく抜き」方法の中では，「水を漏らさぬ容器」を利用しながら水替えを繰り返す方法も行われていた。その方法は必ずしも加熱しなくてもよかったから，「水を漏らさぬ容器」さえ有れば土器以前すなわち後期旧石器時代に開発されていた可能性を否定できないことになる。しかし今のところ旧石器時代の遺物にその痕跡を見出すことはできず，その方法の起源は不明とせざるを得ない。その痕跡が見出されるのは縄紋時代に入ってからである。

〈縄紋時代前期〉

　秋田県池内遺跡のＳＴ639谷底に投棄された大量のトチの皮は細片だった。

〈縄紋時代中期〉

　石川県ノミタニ遺跡の１号土坑その他から多量のクルミ，クリ，コナラ属と共に発掘されたトチの皮は細片だった。

〈縄紋時代後期〉

　秋田県上谷地遺跡の「水晒し場遺構」から大量に発掘されたトチ皮は細片だった。秋田県柏子所Ⅱ遺跡の捨て場からトチ皮の小破片が多数検出された。東京都下宅部遺跡のトチ塚からトチ皮の小破片が多数検出された。山形県高瀬山遺跡の木組み遺構付近から発掘された大量のトチ皮も，岩手県新田Ⅱ遺跡から発掘されたトチ皮も細片だけだった（図4‐5）。

〈縄紋時代晩期〉

　青森県是川中居遺跡の捨て場から夥しい量のクルミと共に検出されたトチ皮は小破片だった。

図4-5　搗き潰されたトチの細かな皮

岩手県新田Ⅱ遺跡　縄紋時代後期（岩手県埋蔵文化財センター編2014）

〈弥生時代〉

　石川県大長根Ａ遺跡の水場遺構を中心に大量に出土したトチ皮は小破片だった。

　上のような，遺跡から発掘されたトチ皮の細片は皮ごと搗き潰された証拠と思われるので，「水晒し系あく抜き」が行われたことを示唆する。遺跡にそれを残した人々が「水晒しあく抜き」のためにどのような仕掛けを使ったか，あるいは「水を漏らさぬ容器」としてどのようなものを使ったか，今のところ確証を得るのは難しい。しかし丸木舟に注目するのは必ずしも的外れではないであろう。縄紋時代の諸遺跡から発掘される丸木舟は水を漏らさぬ割り物の好例であるから，丸木舟が発掘されている時代には図4-2のような類の割り物を使って水晒しによる「あく抜き」が行われていた可能性が高い。丸木舟が発見されていなくても，鹿児島県鬼が野遺跡，掃除山遺跡，栫ノ原遺跡などから発掘されている，手持ちのまま基部を叩いて使う石製の「丸のみ（鑿）」が発掘される時代には水を漏らさぬ割り物である［槽］を製作し，「水晒しあく抜

き」を行っていた公算は大と見るべきである。

（3）第 3 段 階──「はな（澱粉）取り系あく抜き」

「澱粉（はな）取り系あく抜き」方法は濾し布または布袋の目を通った微細な粒子の沈殿を待つものだが，それは水を漏らさぬ［槽］や土器で澱粉質を沈殿させる「水晒し系あく抜き」から発展したものではないかと推測する。布袋を用いるこの方法は機織り技術が普及した弥生時代以降に開発された方法ではないかと見えなくもないが，布袋または濾し布は機織り技術がなければあり得ないものかというと，そうは言いきれない。ウルシを絞って不純物を濾した編み布が縄紋時代の諸遺跡から発見されていることから類推すると，澱粉（はな）を濾すには編み布であってもよかったと思われる。「澱粉（はな）取り系あく抜き」方法は縄紋時代のうちに「水晒しあく抜き」方法から発展した可能性が高い。

（4）第 4 段 階──「灰汁合わせ系あく抜き」

トチや「どんぐり」に木灰，水を加えて加熱する「灰汁合わせ系あく抜き」技術の中には，鍋のように加熱に耐えて水を漏らさない「いれもの」を必要とする例があるから，それは縄紋土器が普及した後に開発された方法であろうと見当をつけたい。この方法の存在を裏付ける指標はトチ皮が大破片となることである。トチ皮の大破片は，先述したように乾燥させて備蓄した皮付きのトチを水にふやかし，軟化した皮を剝いたものと推察される。その際，中身を少しでも大きく取り出そうとしたから，取り除かれた皮が大破片となったのである。

　トチの皮を剝いて中身を少しでも大きく取り出そうとした理由は，「灰汁（あく）合わせ系あく抜き方法」を行うにあたって，トチの実が小さいと溶けてしまうので，少しでも大きく取り出したというのが民俗事例に基づいた推定である。だから遺跡からトチ皮の大破片が発掘されたなら，それは乾燥，保存されていた皮付きのトチが，水浸けされ，ふやかされてから剝き身を大きな状態で取り出そうとした際に剝かれた皮である可能性が高いということになる。遺跡から発掘されたトチ皮の大破片は，土器を用いて「灰汁（あく）合わせ」による「あく抜き」が行われたことを物語る物証と見なすことができるのである。

〈縄紋時代前期〉

　秋田県池内遺跡のＳＴ639谷内種子投棄遺構から検出されたトチ皮は大破片

図 4-6　発掘されたトチの大きな皮

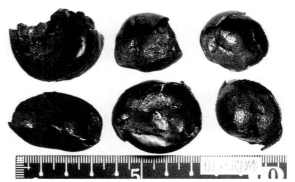

新潟県根立遺跡　縄紋時代後期(中村1988)

だった。青森県岩渡小谷遺跡の沢遺構および三内丸山遺跡から検出されたトチ皮は大破片だった。
〈縄紋時代中期〉
　富山県桜町遺跡の木組み遺構付近から取り上げたトチ皮には驚くほど大きな破片がある。青森県近野遺跡の第1号木組み遺構付近に厚さ10cmほど堆積していたトチ皮は大破片だった。
〈縄紋時代後期〉
　岩手県赤坂田Ⅰ遺跡のピットから出土したトチ皮や秋田県柏子所Ⅱ遺跡の捨て場から検出されたトチ皮、秋田県上谷地遺跡の「水晒し場」遺構から発掘されたトチ皮、山形県の渡戸遺跡の泥炭層から出土したトチ皮、新潟県根立遺跡から出土したトチ皮、東京都下宅部遺跡のトチ塚から発掘されたトチ皮、富山県浜黒崎野田遺跡の土器捨て場から大量に発見されたトチ皮などはすべて大破片だった。
〈縄紋時代晩期〉
　青森県是川中居遺跡の捨て場から夥しい量のクルミと共に出土したトチ皮は大破片だった。
〈弥生時代〉
　宮城県高田B遺跡の泥炭質堆積物層から発掘されたトチ皮は大破片だった。宮城県中在家南遺跡から出土したトチ皮は大破片だった。石川県大長根A遺跡

112　　第4章　「あく」抜き技術の開発史

の水場遺構付近から大量に出土したトチ皮は大破片だった。富山県小西北遺跡から発掘されたトチ皮は大破片だった。

　上に挙げた4種類の「あく抜き」方法のうち編み布や織り布を必要とする「澱粉（はな）取り系あく抜き」方法と木灰を使った加熱を要する「灰汁合わせ系あく抜き」方法は縄紋時代以降に開発された技術であったと推察する。それに対して必ずしも「入れもの」を要しない「発酵系あく抜き」，あるいは「入れもの」を使ったとしても加熱に耐えるものでなくてもよかった「水晒し系あく抜き」方法は，土器以前すなわち後期旧石器時代のうちに開発されていた可能性を排除できない。

2　後期旧石器時代に「あく抜き」技術はあったか

　旧石器時代の植物利用については出土遺物がないため研究されておらず，ましてや「あく抜き」について論じるには，あまりにも根拠が少ない。しかし現段階で考えられるところを述べておきたい。

（1）遺跡から発見されるトチ，「どんぐり」類の炭化材・花粉

　本書第2章第3節で，旧石器時代の「搗き台石」について述べた際に，諸遺跡からコナラ属の炭化材や花粉が発見されていることに留意した。旧石器時代人の中には「あく抜き」を必要とする「どんぐり」が採集できる環境の中で暮らした人々がいたと理解する。

　彼らが「あく抜き」方法を知っていれば，それらの木の実を利用したはずだが，実際はどうであったか。以下は民俗事例を参照しての予察である。

（2）想定される旧石器時代の「あく抜き」技術

　後期旧石器時代人は木の下に落ちている「どんぐり」を小動物が食べることや，その皮が日向で乾燥して自然に割れる種類があること，水際に落ちている実から苦味が抜けている場合があること，といった知識の蓄積から「あく抜き」技術に接近していったのではなかろうか。

〈水を漏らさぬ樹皮製容器〉

　後期旧石器時代人は第2章で述べたように「搗き台石」や敲き石を使っていたから，必要に応じて木の実を搗き砕くことができたと思われる。本書の姉妹編『生活道具の民俗考古学―籠・履物・木割り楔・土器―』の第6章の「土器

の発明——試論」で触れるが，彼らには水を漏らさぬ容器の概念と必要性が
あったし，その生活圏には容器を製作するのに好適な樹皮素材があった。その
樹皮を入手するには一片の石片があればよく，容器の製作には研いだシカの角
と何かの蔓皮があれば十分だった。そんな状況に対応した彼らは「水を漏らさ
ぬ樹皮製容器」の製作技術を手繰り寄せたのではないか，と，自分は推察して
いる。

　後期旧石器時代人は，そうして作った未発見の水の漏れない樹皮製容器に，
台石上で敲き石を使って叩き潰したトチや「どんぐり」類を入れ，水替えもし
くは流水を注ぎ続けることで「水晒し系あく抜き」を行っていた可能性が高い
と考える。とくに温暖化によって急増したとされる「どんぐり」を目の当たり
にした移行期の人々は，土坑に埋める「発酵系」，水を漏らさない樹皮製容器
や剝り物の容器を使った「水晒し系あく抜き」を行った可能性があると考える。
〈剝り貫いて作る槽〉
　更新世末から完新世初めにかけて急増したと理解されている「どんぐり」を
目の当たりにした後期旧石器時代末期の人たちは，それまで使っていたと思わ
れる樹皮製容器よりも堅牢で，大容量の容器を希求した可能性がある。それは
木を剝り貫いて作るしかなかったと思われるが，果たして彼らはそんな剝り物
を作ることができたのであろうか。

　後期旧石器時代人が伊豆諸島の一島である神津島近くの小島へ渡り，黒曜石
を持ち帰って石器製作の材料にしたことはよく知られているし，北海道白滝産
の黒曜石で作った旧石器が津軽海峡を越えた本州の諸遺跡から発掘されている
ことも周知の事実である。後期旧石器時代人がどのようにして海を渡ったか，
研究者の誰もが慎重を期しているが，自分は彼らが水切りのよい丸木舟を使っ
て渡海したのではないかと推測する。丸木舟を作ることができた彼らは「どん
ぐり」が急増したという旧石器時代末期に，その技術を駆使して「剝り物」を
製作し，それを使って「水晒しあく抜き」方法を行うことができた可能性があ
ると想像しておきたい。

　大型の剝り物のような重量物を携えながら獲物を追って狩猟生活をしたとは
考え難いし，「あく抜き」技術を獲得したことで余剰食料が増加したことは，
彼らの食料事情に大きな変革をもたらしたであろうことも想像に難くない。第

1章で述べた食料の乾燥，備蓄技術と相まって狩猟に比重を置いていた食料事情に大きな変革がおこり，それが定住生活を引き寄せる一因となった可能性を捨てきれないのである。

ま　と　め

・民俗事例によると，この列島で行われてきた「あく抜き」技術は，「発酵系」「水晒し系」「はな（澱粉）取り系」「灰汁（あく）合わせ系」の4種類である。
・そのうち「発酵系」「水晒し系」あく抜き技術は必ずしも土器を必要としないから，後期旧石器時代に行われていた可能性が高い。
・後期旧石器時代に行われた「あく抜き」は，食料の長期備蓄を可能にした「乾燥処理」技術と相まって余剰食料の備蓄量を増加させたのではないか。

第5章　甑以後のこと

は じ め に

　穀物などを蒸すために使われた土器の「こしき（甑）」は奈良時代から出土
数が減少し始め，平安時代に入ると非常に少なくなり，「終末期の甑」を経て
木製品に替わる。民具を参照すると，新たに登場した木製「こしき（櫛）」は
「刳り貫き型」や曲げ物だったと推察される。また，考古学界では認知されて
いないが，民具を参照すると，鉄製の鍋，釜が普及した中世には［こしき台］
や［さな］を用いて蒸す方式が登場したことも判明する。

第1節　甑 の 終 焉

　民具から知られることだが，わが国で行われてきた食物を蒸すための方式は
2種に大別される。1種は穀物等を入れた単体の「こしき」と蒸気を上げるた
めの湯を沸かす容器を組み合わせて蒸す方式で，もう1種は鍋，釜の中にセッ
トした［さな］を隔てて，下には水を，上には穀物等を入れて蒸す方式である。
　単体の甑は弥生時代から現れたと考えられており，古墳時代，奈良時代を経
て平安時代までの諸遺跡から発掘される。その形態には時代や分布地域による
さまざまな違いがあって，漏斗形であったり鉢形や深鉢形であったりするし，
側面の両側に牛の角のような，あるいは耳のような形の持ち手が付けられた甑
や，羽釜のように「つば」が巡る甑があるかと思えば，異様なまでに細長い甑
もある。変化に富んでいるのは底の製作で，中央に1つの，あるいは複数の貫
通孔が不規則に開けられているものがあったり，底部中央に設けた円孔の周囲
に，円ないし楕円形，長円形の両端を尖らせた形，扇形などの孔を整然と配し
たりするものがある。中には下端に1ないし複数本の粘土の棒を渡してから焼
き上げたものもある。

1 「終末期の甑」とその使用方法

いま挙げた各種の底はすべて穀物等を支えながら蒸気を通すことを目的に作られたものだが，これらとは異なって，底を作らない「無底式」と呼ばれている甑もあった。底がないのにどうして蒸すことができるかというと，粘土で成形した段階で胴体部内側の下端近くに木製の桟を渡すための抉りを設けてから焼いて，そこに渡した桟を支えとして小さな簀の子をセットして蒸したのである。同じ「無底式」でも抉りを設けずに小枝のようなものを上から押し込み，その上に簀の子を載せた類もあった。もう一つの方法として，焼く前に胴体下端近くの向き合った位置に1対の小孔を開けておき，そこに通した桟を支えに簀の子を載せる類もあった。そのような方法をとったので，これという底を作らなくても蒸すことができたのである。

図5-1 終末期の甑

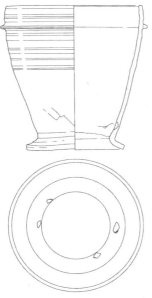

1 群馬県有馬遺跡 平安時代 口径31.2cm 高さ31.0cm 底径22.5cm（群馬県埋蔵文化財調査事業団編 1989）

これらの甑の多くは胴体部下半がすぼまった形に作られていることから，湯を沸かすための水を入れた甕の口に落とし込んで使われたと理解されており，実際に竈に据えられた深い甕と組み合わされた状態で発掘された甑もある。そのように多様な変化を見せる甑は，時代的・地域的変化，韓半島との関連性，焼成温度の差異などが比較，分析，研究されている。

自分がこの章で明らかにしたいのは，これまでの研究で全く取り上げられてこなかった，忽然と姿を消した甑のその後である。そのために，新たに「終末期の甑」の概念を設けようと思うが，それらは「無底式甑」の中に含まれている。

（1）終末期の甑

図5-1のように胴体の下端が拡声器のような形に広がっている類は，奈良時代や古墳時代の遺跡から発掘される多くの甑と，その形態が全く異なっている。なぜなら湯を沸かす深い甕

の口に落とし込んで使った甑とは別な使い方を
するために開発された形態だったからである。
それらは甕の口に落とし込んで使った類よりも
総じて新しく，なおかつ，これよりも後出の様
式は存在しない。そういう意味で，古墳時代か
ら奈良時代へと連続した甑と異なっている図
5-1のような下端が開く甑は最後の甑と見る
ことができるから，その一群を，ここでは「終
末期の甑」と呼ぶことにしたい。

「終末期の甑」に認められる，もう一つの特
徴は側面下方に桟を渡すための1ないし2対の
小孔が設けられていることや内壁の下方に桟を
渡すための窪みが設けられていることだが，注
目したいのはその小孔や窪みを設けた位置が比
較的高いことである。その実例については後述
するが，下端が拡声器のように広がっていなく
ても，また小孔を貫通させていなくても，安定
的な底部をもっている「終末期の甑」があるこ
とを指摘しておきたい。

（2）なべ（堝）と組み合わされて使われた「終末期の甑」

図5-2-1の岩手県飛鳥台地Ⅰ遺跡報告に
掲載された甑の実測図を見て，小孔が穿たれた位
置が他の多くの例よりも高いことに目を見張っ
たのは昭和時代の末だった。当時，仕事の関係
で調査していたヒエやアワを蒸した民具の中に，
底板が取り付けられている位置が比較的高い木
製の蒸し器（図5-3-2）があることを知って
いたので，この古代の甑に民具との共通性を見
出して興味をもったのである。前出の『岩手の

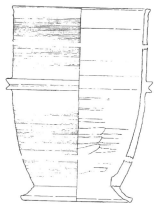

2 宮城県市川橋遺跡 平安時代 口
径21.7cm 高さ17.5cm 底径23.2cm
（多賀城市埋蔵文化財調査セン
ター1990）

3 岩手県飯岡才川遺跡 平安時代前
半 口径24.3cm 高さ31.3cm 底径
23.2cm（岩手県埋蔵文化財セン
ター編2007）

第1節 甑の終焉 119

図5-2 堝と組み合わされた「終末期の甑」

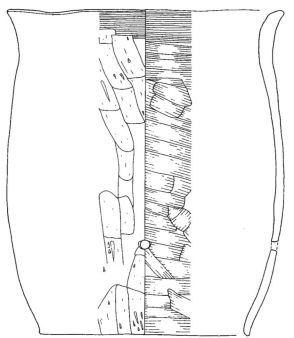

1 岩手県飛鳥台地Ⅰ遺跡 10世紀前半（岩手県埋蔵文化財センター編1988a）
①甑　口径24.0cm 高さ29.0cm 底径18.2cm

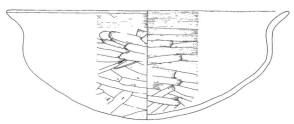

②堝　口径33.2cm 高さ13.0cm

雑穀』には，当時次のように書いていた。

　　飛鳥台地Ⅰ遺跡出土の無底式甑だが，下端から八cm程上の所に小さな孔
　が貫通している。この孔は簀を支える桟を渡すために設けられたと考えら
　れ，類例はそう珍しくない。しかしこの例で注目されるのは多くの例に比

郵 便 は が き

料金受取人払郵便

本郷局承認

3108

差出有効期間
2021年1月
31日まで

１１３-８７９０

東京都文京区本郷７丁目２番８号

吉川弘文館 行

愛読者カード

本書をお買い上げいただきまして、まことにありがとうございました。このハガキを、小社へのご意見またはご注文にご利用下さい。

お買上 **書名**

＊本書に関するご感想、ご批判をお聞かせ下さい。

＊出版を希望するテーマ・執筆者名をお聞かせ下さい。

お買上 書店名		区市町	書店

◆新刊情報はホームページで　http://www.yoshikawa-k.co.jp/

◆ご注文、ご意見については　E-mail:sales@yoshikawa-k.co.jp

ふりがな ご氏名		年齢　　歳　　男・女
☎ □□□-□□□□	電話	
ご住所		
ご職業	所属学会等	
ご購読 新聞名	ご購読 雑誌名	

今後、吉川弘文館の「新刊案内」等をお送りいたします（年に数回を予定）。
ご承諾いただける方は右の□の中に✓をご記入ください。　　□

注 文 書

月　　日

書　　　名	定　価	部　数
	円	部
	円	部
	円	部
	円	部
	円	部

配本は、○印を付けた方法にして下さい。

イ. 下記書店へ配本して下さい。
（直接書店にお渡し下さい）

┌─（書店・取次帖合印）────┐
│　　　　　　　　　　　　　　│
│　　　　　　　　　　　　　　│
│　　　　　　　　　　　　　　│
│　　　　　　　　　　　　　　│
└─────────────┘

書店様へ＝書店帖合印を捺印下さい。

ロ. 直接送本して下さい。

代金（書籍代＋送料・手数料）は、
お届けの際に現品と引換えにお支
払下さい。送料・手数料は、書籍
代計 1,500 円未満 530 円、1,500 円
以上 230 円です（いずれも税込）。

*お急ぎのご注文には電話、
FAXもご利用ください。
電話 03－3813－9151 (代)
FAX 03－3812－3544

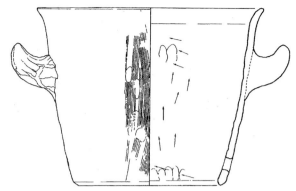

2 福岡県麦野C遺跡　8世紀中ごろ～9世紀初頭（福岡市教委編1994）
①甑　口径約26.7cm　高さ約21.8cm　底径約12cm

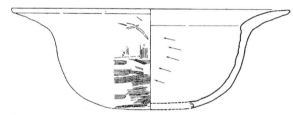

②堝　口径約29.5cm　高さ約11cm

較して孔の位置が高いことである。蒸すための有効容量をわざわざ減らすように製作したのには相応の理由があったのであろう。民俗例を参考にすると，これは蒸気を上げるために水を張った浅い容器に立てて用いることを想定して製作された一例と推測される。無底式甑の中にはこの例のように，甕よりも「なべ」と組み合わせて用いた例があったであろう。

（岩手県立博物館編 1989）

　自分はそれを書いたとき，古代の遺跡から発掘される甑には民具と同じように「なべ」の中に立てて使う例があると確信したわけだが，その推察に間違いがなければ「なべ」もまた発掘されているかも知れないと飛鳥台地Ⅰ遺跡の報告書を見ると，この遺跡の別な住居跡の竈（かまど）から「なべ」が発掘されていた（図5-2-1②）。この遺跡の発掘を指揮した三浦謙一さんは「カマド崩壊土」の中から出土したこの土器を無難に「浅鉢」として処理せず「土師器鍋」と識別したのは慧眼であったと思う。古代の史料である『延喜式』を見る

第1節　甑の終焉　　*121*

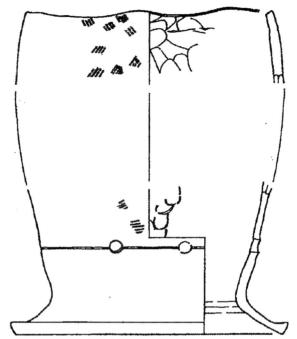

3 長野県松原遺跡 古代（長野県埋蔵文化財センター編2000d）
①甑　底径約25.6cm

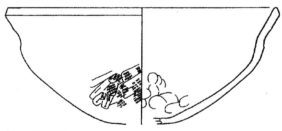

②堝　口径約34.8cm

と，当時は鉄鍋も土器の「堝」もあった．鉄鍋は土中で腐食，消滅しても「堝」は残る．自分はこの遺跡の出土例を，そんな古代の「堝」と，その中に立てて使った甑が併存した時代があったことを物語る好例であると理解したのである．試しにこの甑の底径と「堝」の口径を比較してみると，両者の使い方が推察どおりである．当然，この飛鳥台地Ⅰ遺跡例は，堝の中に甑を立てて使

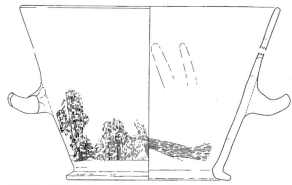

4 静岡県下滝遺跡 平安時代(浜松市博物館編1997)
　①甑　口径26.8cm 高さ18.3cm 底径18.3cm

　②堝　器径38.8cm

う類例の探索を促す契機となった。

　図 5-2-2 の麦野Ｃ遺跡例は第12号竪穴住居に設けられていた竃内から発掘された「土師器甑」と「鉢形土器」である。甑は下端から急角度で立ち上がっており、甕の口に落とし込んで使う甑の形態とは趣が異なるので「終末期の甑」である可能性が高い。同じ竃内から発掘された「鉢形土器」は、じつは「堝」であり、この甑は、竃に据え付けられて湯を沸かす「堝」の上に立てて使われたものと思われる。報告書に図示されたスケールで確かめると、甑の下端は「堝」の中ほどで止まる。

　図 5-2-3 の松原遺跡 SB1092出土の「牛出形甑」も側面に開けられた貫通孔の位置が目立って高く、しかも裾が広がっているから「終末期の甑」と判断される。ここから発掘された「浅鉢形甕」は、じつは「堝」であり、この中に立てて使われたのではないかと思う。

　図 5-2-4 の下滝遺跡 SB03から出土した甑の下端は顕著ではないが確かに外に向かって開いているから、安定的に置いて使う目的で製作された「終末期

第1節　甑の終焉　123

の甑」であろう。この甑が発掘されたのと同じ遺構から4点の「鉢」が発掘されているが，これらは器形から見ると，たぶん「堝」ではなかろうか。

なおここに図示しないが岩手県細谷地遺跡例（岩手県埋蔵文化財センター編 2003），群馬県矢田遺跡例（群馬県埋蔵文化財調査事業団編 1992）などの胴体部に開けられた貫通孔の位置が比較的高い所に開けられている例も「終末期の甑」である。

以上を総合すると「終末期の甑」には胴体部下端を拡声器のように広げて安定性を高めた類ばかりでなく，寸胴に近い形に製作した類も存在した。簀の子を支える仕掛けには複数種類があり，高い位置に貫通孔を設ける例や内部に桟を渡すための抉りを入れる例のほか，何の細工も施していない例があった。そのように造作の違いはまちまちだが，いずれも湯を沸かす鉄鍋や「堝」の中に立てて，あるいは鉄製，土製の羽釜の口（甑口）に置いて使われることを前提として造形された自立型の構造だったと理解するのが妥当と思われる。

以上で古墳時代に盛行し奈良時代を経て減少し始めた甑の終末期について述べたが，では10世紀以降の或る時期から発掘されなくなった後，食品を蒸すという調理法はどうなったのであろうか。ここで目を転じてみたいのは古代の史料である。

2　古代の史料に見る木製こしき——「甑」

（1）8世紀の木製こしき

天平18（746）年に官に提出されたという法隆寺の財産目録である「法隆寺伽藍縁起並流起資財帳」の一部に次のような記載が見える（竹内理三編 1964）。

　　甑参口　一口径三尺五寸　高三尺五寸　二口各径一尺三寸　高二尺一寸

この記載で驚くのはその大きさで，直径が3尺5寸もある土器の甑が実際に遺跡から発掘されたことはない。それもそのはずで，この「甑」は木偏で表されていることからわかるように木製品であった。奈良時代には大型の木製「こしき」（以下，甑と記す）が作られていたのである。

（2）9，10世紀の木製こしき

①平安時代の昌泰年間（898～901）に完成したとされる，わが国最古の漢和辞典，『新撰字鏡』には「こしき」が「瓦部」と「木部」の両方に記載されて

いる。「瓦部」の方は「甑」の字で表されているから「やきもの」であり，「木部」の方は「櫓 己志木」と木偏で書かれているから木製の「こしき」だった（塙保己一編 1982）。つまり9～10世紀には「やきもの」の甑と木製品の櫓が併存していたのである。

　②延長5（927）年に完成した『延喜式』の神祇官式五「斎宮」の年料供物の条に，

　　　櫓一口　受二石

とあって，大容量の木製「こしき」があったことをうかがわせている（黒板勝美ほか編 1989）。同じ『延喜式』大炊寮式の寮家年料の条には，

　　　櫓三口　各高三尺　口径三尺　有蓋

とあり，寸法を見るとこの木製「こしき」は相当の大型品であった（黒板勝美編 1992b）。「櫓三口」は同じく造酒司式の造酒雑器の中にもある（黒板勝美編 1992b）。造酒雑器の一員ということは役所が用いる酒造用の酒米を蒸す目的で使われたものであろうから，民間で使われた「こしき」よりも大容量だったのかも知れない。

　このように大型の木製「こしき」はさまざまな場面で用いられていたことがうかがわれるが，その一方で，『延喜式』の主計寮式上の畿内調の条には，

　　　甑十口　受六升

と土器の甑が見えるから（黒板勝美編 1992a），10世紀前半に「やきもの」と木製の「こしき」が併用されていたことは，ここでもうかがわれる。たぶん土器では製作できないほど大容量の「こしき」が木で作られたのであろう。それが可能になった背景には鉄製木工具の発達と大型の鍋もしくは釜の製作を可能にした技術革新があったのではなかろうか。

　③平安時代の10世紀後半に成立した『倭名類聚抄』に「甑」が載っている。その文字からすると「やきもの」かと思うと，分類されているのは「器皿部木器類」の項だから木製品であった。この「器皿部」には「やきもの」の項もあり，「瓦器」の名で各種の器物が載っているが，そこには堝（なべ）や瓷（かめ），盤（さら）などはあっても「甑」は見えない（京都大学文学部国語学国文学研究室編 1968）。このことから10世紀後半には土器の甑は使われなくなっており，木製品に置き換わってしまったと見られる。

第1節　甑の終焉　　125

このように見てくると，弥生時代から受け継がれてきた単体の甑が平安時代の10世紀以降に発掘されなくなるのは，甑が木製品に置き換わってしまい，それが土中で腐朽，消滅したからであろうと想像がつく。

　遺物として発掘されないものは考古学の研究対象にならないから，甑以後のことは考古学では究明の方法がないということになる。また，木製の「櫃」について上に挙げた諸史料から理解できるのは，その寸法や，蓋を伴う場合があったことぐらいで，古代の「櫃」がどのような形態だったのか，その実態を知ることはできない。このように現行の考古学研究法でも文献史学でも解明できない，言わば謎の領域に接近することを可能にするのが民具を参照することで究明を図る研究方法である。

3　底板の位置が不自然に高い民具の［こしき］

　幕末から明治時代初期にかけて，岩手県北部の福岡（現，二戸市）に住んだ画家，小保内東泉が土地の人々の風俗を描いた『陸奥の土風』という絵巻物が刊本となっており，その中に正月を前にした家で餅を搗いている男女の様子が描かれている（図5-3-1）。この絵で注目したいのは，相取りしている女性の背後に置かれている竈で，その上には大きな鍋が掛けられており，鍋の中には桶が立っている。この桶は普通の桶ではなく，じつは桶型の［こしき］で，餅を搗くために，たぶんアワを蒸しているのである。その見立ては自分の想像でなく，図5-3-2のような民具の存在を根拠としている。

　図5-3-2のような桶型の［こしき］は桶職人に頼んで作ってもらうもので，側板をタケの「たが」で結っているから，側面だけを見ていると漬物桶や味噌桶と同じに見える。しかし中を覗き込んで初めてわかるのが底板の中央部に孔が開けられていることで，この桶の正体が蒸し器であることが知られる。このような桶型の［こしき］は珍しいものではなく，自分が見た東北地方，中部地方の諸例は，たいていの場合，開田が困難だった山間地で米以外の畑作物を主食のようにして暮らした人々がヒエを蒸すとか，餅を搗くためのアワや，もち米を蒸すために使った蒸し器である。岩手県では，その呼称はそれぞれの地域で訛って呼ばれるが基本的には［こしき］である。これを使う場合は，味噌を作るためにダイズを大量に煮るとか，冬季に牛馬に与える餌を整えるのに必要

126　第5章　甑以後のこと

図5-3　底板の位置が高い民具の［こしき］

1 江戸時代末～明治時代初期の「桶型こしき」（国香1980）

な湯を沸かすといった場合に使う大きな釜に水を張って，その中に立てて使った。そのとき，釜に入れる水の量は，［こしき］の底板中央部の孔から指を入れてみて指先に水が触るぐらいが適量だったという。孔の上には［唐傘］の骨で造った小さな［たれ］を敷いたり，専用の小籠，古くなった椀にたくさんの孔を開けたものを伏せたりして，その上に布を敷いてから穀物を入れた。このように，水を入れた釜や鍋の中に立てて使うものだったので，蒸気の取り入れ口を開けた底板は，どうしても水面より高い位置に設けなければならなかったのである。図5-1や図5-2に例示した「終末期の甑」が蒸し器としての有効容量をわざわざ減じるような高さに簀の子を設けた理由が理解できる。

　ところで上に例示したような側板を「たが」で結う桶の製作技術がわが国にもたらされたのは室町時代のことだったというのが民具学の共通理解となっている。それと，「終末期の甑」が発掘されなくなった時代とでは時間的に間隙があるわけだが，結い桶タイプの［こしき］が出現する以前の木製「橧」はど

第1節　甑の終焉　　127

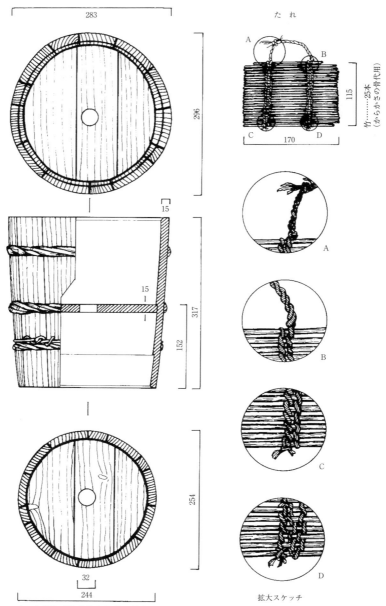

2 ［こすぎ］（岩手県久慈市，名久井芳枝作図，岩手県立博物館編1989）

128 第5章 甑以後のこと

のような製作だったのであろうか。

図5-4　古代の「刳り貫き型こしき」（推定）

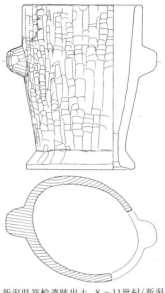

新潟県箕輪遺跡出土　8〜11世紀（新潟県埋蔵文化財調査事業団編2015）

4　民具から類推される平安時代の木製[こしき]

(1) 刳り貫き桶を作る古代の木工技術

先に見た「終末期の甑」の形態が自立型であったことは，それに替わった木製「榾」も自立型であったことを強く示唆するわけだが，それはどのような製作であったかと推察したときに注目したい木製品がある。

新潟県箕輪遺跡から，奈良時代〜平安時代に製作されたと目される刳り貫いて製作された木製品の大破片が発掘されている（図5-4）。発掘調査報告書によると，これは直径が70〜90cmの原木の芯を外した部分を刳り貫いて作った高さ34cmぐらいの木製品で，全体の4分の3以上が残存している。報告書には「おそらく二個一対の突起が付されると考えられる。口縁から体部下半にかけて緩やかにすぼまる深鉢形で，底部近くで鋭く屈曲し裾に向かって広がる」と記載されている。内面側の下端部付近で，残存している全体にわたって木材内部の新鮮な色調が露出している。そこからの想像だが，この刳り貫き桶は，当初，弥生時代以降の諸例のように内壁下端に段が設けられており，その強度を頼りにした底板が取り付けられていたのではないかと推察する。その桶が何らかの理由で歪んだため，水を入れる桶として使えなくなったので，桶として使うことを諦め，分厚く作っていた下端の段を鑿（のみ）のような工具で取り去ったのではないかと思う。

底板を取り付けることを止めてなお使い続けた，その用途だが，下端が外側に開いているという外見的特徴が「終末期の甑」（図5-1）の形態とよく類似していることから「榾」として使われたのではないかと推測する。そこに古代の木工技術の一端を見ると，気になるのが民具に見られる次のような「刳り貫

第1節　甑の終焉　　129

図5-5 民具の「刳り貫き型こしき」

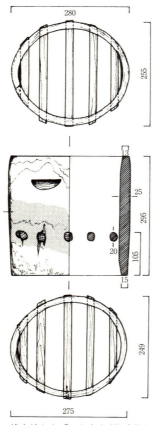

1桟を渡した「こしき」(岩手県立盛岡短大所蔵，名久井芳枝作図，名久井1986)

き型こしき」の存在である。

(2) 民具の，底位置が高い「刳り貫き型こしき」

「終末期の甑」以後に出現した「橲」の形態を推察する手掛かりとして，ここで見るべきは，民具の刳り貫き型［こしき］と曲げ物の［こしき］である。自分がこれまでに見た刳り貫き型［こしき］は東北地方の例だが，底板に相当する部分の製作には，次のように胴体部に複数の貫通孔を開けて桟を差し渡したもの，はめ込んだ底板の中央部に蒸気を通す大きな孔を開けたもの，あるいはその孔が小さく多数であるものなどがある。

図5-5-1は青森県下北半島のむつ市附近の海岸で学生が拾得したものという。陸奥湾沿岸もしくはそこに流入する河川の傍で暮らしている人が捨てたものかと想像される。器形はほとんど円筒に近く，側面の内外は縦方向に走る削り痕を残しながら丁寧に整えられ，口縁部に近い所の外面には相対する2か所に半月状に切り取られた手掛かりを設けている。胴部外側の中ほどから下にかけて，洗っても落ちない煤の色が着いている。下端から約10cmの所に，丸く削られた径約2cmの5本の桟が平行に差し渡されている。これに［簀の子］を敷いて蒸したのであろう。材料はトチ材らしい。

図5-5-2は下端部の観察によれば，大きく内部を取り除くために鋸を挽き廻した痕跡を見て取ることができる。前者と違って外壁上部に手懸け部を作り込んでいない。下端から14cmほど上に底板がはめ込まれているが，その中央部には大きく円孔を1つだけ開けている。その底板は器壁の外から打ち込まれた洋釘で固定されている。岩手県の北部北上山地で使われたものと思われる。ト

チ材製。

　図5-5-3の外観は太鼓胴のように張っているが内部は直線的だから，胴部の中ほどの器壁は厚くなっている。下端から約9cm上に底板がはめ込まれているが，その中央部には大きく円孔を開け，その周りには不規則に小孔を散らしている。その底板は器表から水平に打ち込まれた竹釘で固定されている。食べ物を蒸すときは底板の上に藁製の敷物を敷いた。全体が手の込んだ細工であるところから大工職の製作になるものと見た。

　図5-5に図示した民具のように，「刳り貫き型こしき」における蒸気を取り入れる部分の構造はそれぞれ異なっているものの，その仕掛けの位置が比較的高い所に設けられていることが共通している。それが水を張った鍋，釜の中に立てて使うという使用方法に基づいていることは述べたとおりである。これらのような「刳り貫き型のこしき」は，所によっては昭和50年代まで使われていた。自分は昭和60年代初めに調査に訪れた青森県下北半島の，むつ市奥内で，薪ストーブにかけた鍋の中に立てた，図5-5-3例と同様に作った刳り貫き型の［くるわ］で蒸した饅頭を頂戴したことがある。

（3）民具の，底板の位置が高い曲げ物の［こしき］

　古代には刳り貫き型の他にもう一種の木製［こしき］が存在した。そのわずかな手掛かりを伝えるのが前出の古代の史料で，記載された「檜」が，その寸法を示すにあたって「口径」と表しているのは，その平面形が円形であったことを示している。もう1つの手掛かりが，「径三尺五寸　高三尺五寸」とか「高三尺　口径三尺」と記載された，その大きさである。結い桶以前の木製容器で平面形が円形，かつ，口径が3尺もある大型容器ということになると，刳

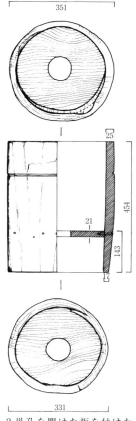

2 単孔を開けた板を付けた「こしき」（長内三蔵氏所蔵，名久井芳枝作図．名久井1986）

第1節　甑の終焉　　131

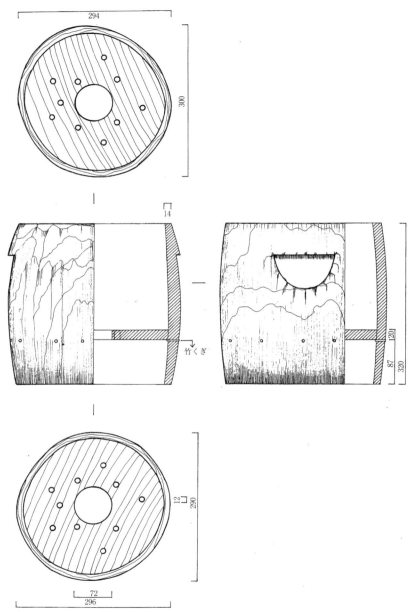

3 大小複数の孔を貫通させた板を付けた［くるわ］（こしき）（むつ市奥内青年団資料，名久井芳枝作図，名久井1987）

り貫き型の桶も候補から外せないものの，曲げ物ではなかったかと推察される。時代が違うが中世の遺跡から大型の曲げ物で製作された井筒が発掘されるが，あのような大きな曲げ物は，たぶん古代にもあり，その技術をもって製作された，大型の曲げ物「甑」もあったのではないかと推測したい。

　古代の遺跡から発掘される木製容器で，深く作られているのはすべてと言ってもよいほど，底板と側板を組み合わせて作った曲げ物である。民具の曲げ物「こしき」の底板のように孔を開けた円形の板が多くの遺跡から発掘されていることから，手ごろな大きさの，曲げ物製「甑」が存在したことは十分に考えられるが，自分は，その底板を普通の曲げ物よりも高い位置に取り付けたことをうかがわせる側板を見出しかねている。

　民具の曲げ物製［こしき］は蒸気を取り込む部分の製作で分けると，桟を渡した類と孔を開けた底板を取り付けた類に大別される。桟を渡す類には２本の桟を平行に渡す，十文字形，「井」の字形に渡すなどがあり，いずれもその上に［簀の子］を敷く。底板を付ける類には，中央部に１つの孔を開けたもの，複数の孔を開けたもの，または小さな孔を散らしたものなどがある。注目したいのは，ここでも底板の高さで，胴体の下端に設けられている例が普通だが，それらに対して普通の曲げ物の［こしき］よりも明らかに高い位置に取り付けられている例が存在している（図5-6）。この例のような底板が高い位置に付けられた曲げ物の［こしき］は，前項までに挙げた桶型や「剝り貫き型こしき」と同様に，水を張った鍋，釜の中に立てた状態で使うとか，羽釜の口に被せるように置いて使うための構造であったと理解される。

　以上をまとめると，湯を沸かすための水を張った鍋，釜の中に立てて使うために，底板を普通よりも高い位置に取り付けた木製の［こしき］には，剝り貫き型，曲げ物，桶型の３種があったということになる。これまで述べてきたことを踏まえたうえで強調するのだが，平安時代に「終末期の甑」に替わって登場した木製「甑」は，民具の「剝り貫き型こしき」（図5-5）あるいは曲げ物の［こしき］（図5-6）のようなものだったのではないか，というのが自分の推察である。それらの製作技術は，専門職でなければ製作が難しい結い桶が盛行した後の時代にも途切れることなく受け継がれ，民具の中に命脈を保ったのである。

図 5-6　底板の位置が高い曲げ物製「こしき」(小山田義巳氏所蔵，名久井芳枝作図，名久井1987)

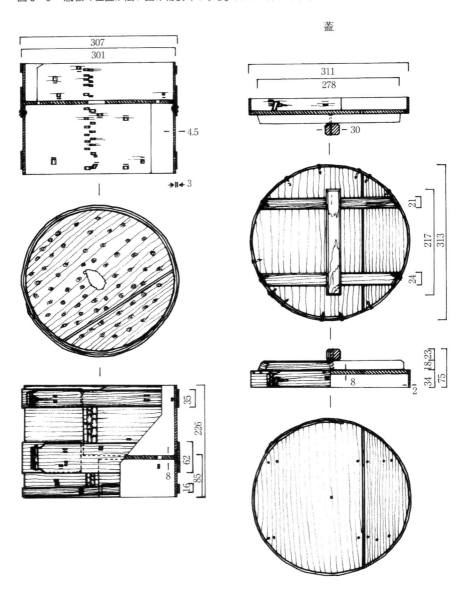

第2節　さ な 蒸 し

1　「さな蒸し」に使われる民具

　すでに触れたが民具には前節で扱った単体の［こしき］を使って蒸す方式と
全く異なる方式がある。それは湯を沸かすための水を入れた鍋，釜の中に，
［こしき台］もしくはそれに相当する仕掛けを設置し，台上に［さな］を載せ
て，蒸すという作業を1つの容器内で完結させる方式である。この方式の呼称
を江戸時代の史料から借用して「さな蒸し」と表すことにする。「さな蒸し」
で使われる［こしき台］には各種があり，その一部に相当する遺物が中世の遺
跡から発掘されている。しかし考古学界ではそれが［こしき台］であるとは認
識されていないので，注意を喚起する意味から，その辺りに関わる若干の民具
を紹介しておきたい。

〈十文字形の木組み＋多孔の置き板〉

　図5－7－1の例では真ん中から2枚に分かれる円形の多孔板が［さな］に相
当し，十文字に組み合わされて［さな］を支える長方形の2枚の板が［こしき
台］に相当する。［こしき台］を構成する板の両端は湾曲させて切られている
が，それは釜の内壁のカーブに合わせた成形だった。多孔板も分厚く一つ一つ
の孔も大きい。土間に築いた竈に据えた大きな釜に水を入れ，［こしき台］と
［さな］をセットし，多孔板（さな）の上に植物繊維で円く作った敷物である
［わらだ］を敷いてからヒエを蒸すために使われた。

　図5－7－2の例の［こしき台］はやはり2枚の板を十文字に組み合わせたも
の。

　「さな蒸し」に使われた［こしき台］の各種については発表したことがある
ので図示しないが（名久井 1987），今後も中世以降の遺跡から部材が発掘され
ることがあると思うので種類だけを挙げておきたい。図5－7に示した［こし
き台］は2枚の板を十文字に組み合わせた例だが，この類例として4枚の板を
「井」形に組み合わされた民具がある。どちらも，その組み合わせ部分を切除
するのが特徴で，板材の長辺部から短辺部に向かって，逆に短辺部から長辺部
に向かって，板の半ばまでを切除する。それは相手と組み合わせた後の上端を

第2節　さ な 蒸 し　　*135*

図5-7 民具に見る［こしき台］と［さな］の一種

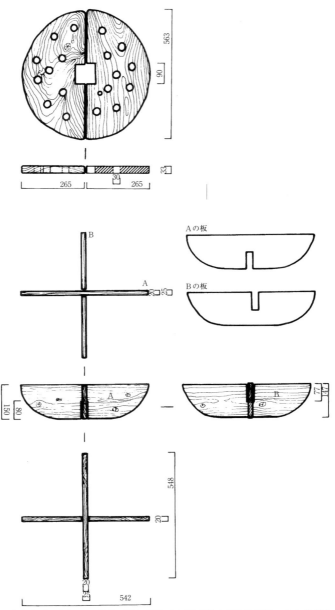

1 十文字形の木組み＋多孔の置き板（さな）（岩手県立博物館所蔵，名久井芳枝作図，名久井1987）

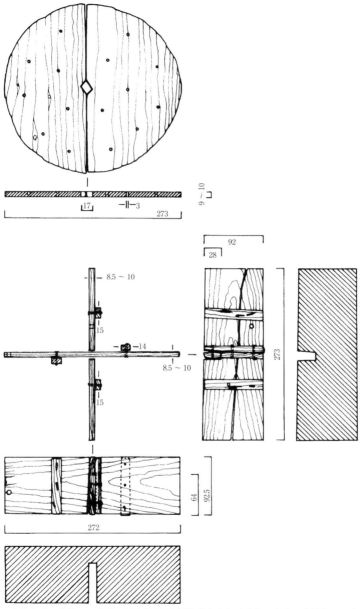

2 十文字形の木組み＋多孔の置き板（さな）（穀蔵市太郎氏所蔵，名久井芳枝作図，名久井1987）

第2節 さな蒸し　137

平らに保つための工夫であった。組み合わされたそれは，湯を沸かすための水を張った鍋，釜の中に置かれ，蒸気を通しながら穀物等を載せるための［さな］を下から支える台として機能した。だから２枚ないし４枚の板が組み合わされた台の下端は，多くの場合，鍋底，釜底の平坦面に対応して平らに，横は鍋，釜の内壁のカーブに添わせ，上端は［さな］を支えるために平らに作られた。ただし横の製作には必ずしも鍋釜のカーブに合わせようとせず，長方形の板どうしを組み合わせるものもあった（図５-７-２）。そういう長方形の［こしき台］のかたわれと見られる板が実際，発掘されている。上のように作った［こしき台］の上に載せて，蒸すべき対象を支える［さな］には，小孔をたくさん開けた板，簀の子，「六つ目」に組んだ竹製の円盤などが見られる。そのような［さな］を置いてから，その上に円形に編んだ［わらだ］や敷布を置いて蒸した。

２　発掘された「さな蒸し」関連遺物

（１）発掘された［こしき台］

前項で見た民具の［こしき台］に相当する思われる木製品が発掘されても，現在の考古学界ではその正体が正しく認識されていないのが実情である。ただしその出土例は少なく，現在のところ次のように中世の例が知られるのみである。

図５-８-１の高堂遺跡からは，よく似た形の２枚の板が発掘されている。ともに両端をぎこちなくカーブさせ，すぼまった先に素材縁辺の直線部をわずかに残している。最大径を計るもう一方の縁辺から大きくＶ字状に取り除いていることもよく類似しているが，明らかに異なっているのが，それぞれから切除された矩形の切り込みの方向である。一方ではＶ字状の谷底から直線部に向かい，一方は反対に直線部から谷底へと向かっている。この木製品について発掘調査報告書では使途不明とされているが，前出の民具（図５-７）を参照すると，この２枚の板は十文字に組み合わされて，たぶん大きな鍋の中に据えられて［さな］を支えた［こしき台］であろう。報告書によると，これが所属する時期は中世であるという。

図５-８-２の沖ノ羽遺跡からは，よく似た半月形の２枚の板が組み合わさっ

138　第５章　甑以後のこと

た状態で発掘された。2枚と
も幅9cm余の板を用い、それ
ぞれの両端は湾曲をもたせな
がら切り落とされている。最
も注目すべきはそれぞれに切
り込みが設けられていること
で、一方の切り込みは長辺部
の真ん中に、一方は短辺部の
真ん中に設けられている。こ
れは、たぶん大きな鍋の中に
据えられて［さな］を支えた
［こしき台］と思われる。

（2）発掘された［さな］

　自分は、これまでのところ
［さな］であることが明確な
出土例を見出すことができず
にいる。疑わしいのは円形の
板で、中央に開けたやや大き
な孔の周辺に小さめの孔を配
するタイプと、全面に小孔を
整然と、あるいは不規則に散
在させるタイプがあると思わ
れるが、曲げ物の底板に見え
なくもない状態である。周囲
に釘穴がなく［こしき台］の
寸法に近い例があったら、
［さな］として判別できる可
能性が高い。

図5-8　発掘された［こしき台］

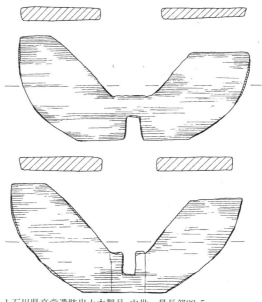

1　石川県高堂遺跡出土木製品　中世　最長部22.5cm
①実測図（石川県立埋蔵文化財センター編1990）

②民具を参照した組み合わせ（石川県埋蔵文化財セン
　ター保管）

第2節　さな蒸し　139

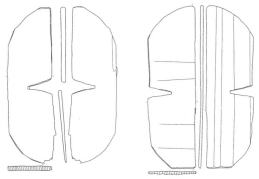

2 新潟県沖ノ羽遺跡出土木製品 中世 最長部34.0cm・31.7cm ①実測図（新潟市文化財センター編2016）

同 ②民具を参照した組み合わせ（新潟市文化財センター所蔵）

ま と め

・平安時代に発掘されなくなるころの甑は，その形態が自立型に変わり，「終末期の甑」として認識される。

・「終末期の甑」に替わって登場した木製「橧」は，民具を参照すると，「刳り貫き型こしき」あるいは曲げ物の「こしき」だったが，それらは後世の民具の祖型となった。

・蒸すための，もう１つの方式である「さな蒸し」は中世から登場したと思われる。

終章　民俗考古学的研究方法

は じ め に

　本書には姉妹編として『生活道具の民俗考古学—籠・履物・木割り楔・土器—』がある。籠や薦を製作する編み組み技術，樹皮製曲げ物，木割り楔，縄紋人の履物，土器の発明などについて考察したものだが，どのテーマも民具学，民俗学の研究成果を参考にしている点は本書と同じである。そこで，いま本書を締めくくるにあたり，両書の眼目である「民俗考古学的研究方法」についてまとめるが，その内容は本書ばかりでなく姉妹編で扱う諸テーマにも触れていることをお断りしておきたい。目配りしたい研究史は大正時代以降のことになる。

第 1 節　濱田青陵が将来した考古学研究法の限界

　大正 11（1922）年，京都帝国大学で日本初の考古学講座を開設していた濱田青陵が『通論考古学』を著した。自序によると一般向けの入門書として書いたものというが，その内容はイギリス留学で培った近代的・科学的考古学研究の骨格をなす，資料論，調査論，研究論等で構成された学術的なものだった。それが現在まで何度も版を重ねていることから，一般の人々にも名著として歓迎されてきたことがわかる（浜田耕作 2004）。

　明治 10（1877）年，モースによる大森貝塚の発掘によって産声をあげた日本考古学の科学的研究基盤を固め，調査，研究の水準を高めるうえで濱田による教導が大きな役割を果たしてきたことは誰しも認めるところである。一例を挙げると『通論考古学』で説かれた「層位学的方法」，「型式学的方法」，「土俗学的方法」は，現在に至るまで日本考古学の学術的調査，研究の基礎となっている。濱田は自身が教壇に立つ大学はもちろんのこと，各地の大学でも講義にあたったから，濱田の教えは当時の考古学研究者や学徒の間に干天の慈雨のごと

く浸透し，たぶん大正時代のうちに広く行き渡って次世代の人材の育成にも大きく寄与したのではないかと思う。ところが濱田の説くヨーロッパ流の考古学研究法の真価が問われる出来事が起こった。

〈是川中居遺跡の発掘と杉山寿栄男〉

　大正時代の末，縄紋時代晩期の大遺跡である青森県是川中居遺跡から，大量の土器，石器とともに当時としては夥しい量の植物性遺物が出土することが知られるようになった。この遺跡の発掘には名だたる考古学者，研究者がたずさわったが，その中には後年，未曽有の論文として結実することになる1つの容器と出会った杉山寿栄男もいた。

　昭和2 (1927) 年，杉山は是川中居遺跡から発掘された，漆で塗り固めた容器の母胎となっている籠の製法を子細に観察し，縄紋時代人が作ったその籠の製作方法が民具の籠を参照することで理解できることに気付いたのである。杉山はその研究を論文にまとめ，当時一流の学術雑誌である『人類学雑誌』に「石器時代の木製品と編物」と題して発表した（杉山寿栄男 1927）。彼はその籠の製作手順を，「現在，町で売られている［ざる］のように，初めに縦横に素材を組み合わせて底を作り，その素材を放射状に広げて折り曲げ，それに横から別な細い素材を編み込んで口辺部までを作っている」と説明したのである。同じ論文で杉山は，発掘された籠の底部の四隅に表れている突起についても，民俗例の［ざる］と同様に底を形作った素材が側面部の製作に移行する所で急角度に立ち上がる際に生じたものであると指摘した。

　縄紋時代人の籠作り技術が民具を参照することによって理解できるという指摘は，それまでの考古学者が誰一人として思いつかなかった独創的な着眼から導き出されたものである。その斬新な論文は考古学に新たな研究領域が存在することを予感させるものであったが，しかしと言うべきか，だからと言うべきか，当時の日本考古学界からは何の評価もされなかったのである。それでも自身の着想の正しさを信じて粘り強く調査，研究を推し進めた杉山は，各地から発見された土器底部に残る敷物圧痕の中に民具の籠類の形成技術と共通する例を何種類も見出した。杉山は多岐にわたるその共通性を単なる偶然とは考えず，そこに両者を結び付けている何らかの必然性が存在することを感じ取ったのである。その着眼は後年，論文の第2弾として結実し，その成果を世に問うこと

になるのだが，杉山には，その前にどうしても成し遂げなければならない仕事があった。

昭和7年，杉山は当時の考古学界の重鎮である喜田貞吉を共著者として，大判，紙箱入りの『日本石器時代植物性遺物図録』を刊行した（杉山寿栄男・喜田貞吉 1932）。一般の人々は，是川中居遺跡から発掘された「漆塗り飾弓」「朱漆塗桜皮巻弓」「黒塗桜皮巻弓」「漆塗飾木太刀」「櫛」「耳飾」「腕飾」「籃胎漆器」などの着色刷りを見て，縄紋時代の植物性遺物の彩り鮮やかなことに驚嘆したのである。そのとき杉山の注意深い眼差しは，数々の美麗な優品と一緒に発掘された地味な色合いの籠類や樹皮製品の欠けらを見逃さなかった。それらは農家の軒下に吊るされたり作業場の隅に置かれたりしている民具と少しも変わらないものだったから，大方の考古学研究者には「ごみ」にしか見えなかったかも知れない。しかし縄紋土器の底部圧痕に民具の［ざる］，籠の製法と共通する技術が幾種類も存在することに大きな関心を寄せていた杉山にとって，是川中居遺跡から発掘されたそれらは目を引き付けてやまないものだった。渾身の力を込めた昭和2年の論文が考古学界に全く評価されないまま孤軍奮闘を余儀なくされていた杉山にとって，縄紋時代晩期の籠類や樹皮製品が時空間を遠く隔てた民具と非常によく類似している事実を再確認できたことは，杉山をいっそう勇気づけたばかりでなく，その背中を強く押したのではないかと思う。

昭和17年，杉山は著書の『日本原始繊維工芸史　原始編』の中で，縄紋土器の底に残された敷物の圧痕とともに，これと酷似する民具の写真を「土俗編物」として並べて見せた（前掲拙著197頁）。同時に杉山は国内各地から採集された土器底部に残る敷物の紋様を「飛し網代編」「四方網代」「筵編」「網代編」「透編」「桝形網代」などの名で呼べることを示したのである（杉山寿栄男 1942）。それらの技術名称は杉山が当時の籠作り職人から聞き取ったものであったろう。杉山はその論文で，民具の籠作り技術と縄紋時代人の編み組み技術との間に深い関連性があることを再び主張したのである。それは昭和2年以来，15年余の歳月を費やして研究と洞察を深め，満を持して発表した論文の第2弾だったが，このときも日本考古学界からは少しも評価されなかったのである。

このように見てくると，日本考古学界には先史時代の編み，組み技術と民具との共通性が持っている意味について見直す機会が何度もあったことがわかる。

第1節　濱田青陵が将来した考古学研究法の限界　　143

しかし，立派な肩書をもった坪井正五郎が唱導する分類法や圧痕構造の表記法が主流を占めている学界と全く別な視点から論じる杉山寿栄男の問題提起に，当時の考古学界には真正面から向き合おうとする機運が生まれなかった。というよりも，できなかったというのが実際のところであろう。思うに，そこには研究者たちが順守してきた考古学研究法の出自に由来する理由があったのである。

〈現行の考古学研究法の限界と，その出自〉

　濱田の『通論考古学』によると，「層位学的方法」「型式学的方法」「土俗学的方法」などの「特殊的研究法」はフランスの学者デシュレットが唱導したものであったという。それが濱田によって将来され，わが国の考古学研究者はそのまま受容した。そうしてわが国に根をおろした考古学研究法は当時の最先端を行くものであったに違いないが，現在の眼でそれを見ると濱田が学んだ当時のヨーロッパの考古学界には，近代的・科学的な民俗学，民具学を援用する考古学研究法が存在していなかったと理解するほかない。だから杉山寿栄男が書いた論文のような民俗学や民具学から得られた知見を考古学的事実の究明に援用しようとする研究法に直面したとき，日本考古学界には，これを受け止める土壌そのものが存在していなかったのである。

　考古学の研究対象は言うまでもなく遺跡から発掘された遺物や遺構である。しかしその蔭に，発掘されることがないまま土中で腐朽，分解，消滅してしまった有機質資料がどれほどあったかわからない。是川中居遺跡発掘以前には，有機質遺物，なかでも植物性遺物が研究者の目に触れる機会も量も極端に少なかった。濱田青陵が『通論考古学』で「特殊的研究法」を説き，その教導によって考古学研究法が普く行き渡ったのは是川中居遺跡発掘以前だった。それまで植物性遺物は土器や石器のように集中的，重層的，広域的に発見されることがなかったから，それが先史考古学研究に役立つとは認知されていなかったのである。だから現代民俗例と酷似する先史時代の植物性遺物が発掘されることに気付いた杉山のような稀有な考古学者が，そこに文化的関連性を読み取ったとしても，ヨーロッパ由来の考古学研究法を堅守してきた日本考古学界は，その当否を判断することができなかった。そのような背景から，杉山寿栄男が昭和2年，7年，17年と，一連の仕事を発表しても，日本考古学界はそれらの

論説に正対する方途を見出せないまま最大限の無反応で応えることしかできなかったのである。

しかし高度経済成長期以降，わが国の考古学を取り巻く状況は大きく変わり，植物性遺物の発見例や保存処理された遺物が著しく増加している。その中で明らかになっているのは，籠類にとどまらず，民俗事例を援用して遺物の理解を図る考古学研究法の立ち遅れである。

第2節　民俗考古学的研究方法

自分は杉山寿栄男の着眼や主張に学びながら，民俗事例を援用することによって先史時代人の意思や生態，遺物が指し示す意味の究明までも視野に入れようとする考古学研究法があって然るべきであると考え，その研究法を前掲拙著（194〜216頁）では「民俗考古学的方法」の名で主張した。「民俗考古学」という呼称は，いつ，誰が使い始めたかはっきりしないが，平成元（1989）年に某氏が同名の本を著しているほか，しばしば散見される。以下は，これまでのところ，その主旨を説いた著作は見当たらないと理解しての論述である。

民俗考古学的研究方法について，現在のところ以下の3通りの視点から説明を試みるが，どれも本書ならびに姉妹編『生活道具の民俗考古学』の各章で取り上げるテーマを例にとっているので，内容が重複する部分があることをお断りしておきたい。

（1）民俗事例に基づいて，既知の遺物の未知の側面を見定める研究

民俗考古学的研究方法には，まず，時空間を遠く隔てて見出された出土遺物と民俗事例との質的関連性を根拠として，既知の遺物の未知の側面を見極める研究が考えられる。

弓，石鏃，石槍，石斧，釣り針，銛，丸木舟，櫂，臼，杵などのように，出土遺物の正体が民具との外形的類似に基づいて推定されている例は多い。しかし問題は，遺物の認知されていない側面である。時空間を遠く隔てている出土遺物と民俗事例とで，同種の対象物質に同種の技術が施される例があったり，あるいは使用素材や形態が変化していたとしても同種の機能が共通している例があったりする。いずれの場合も対象物質が備えている不変の自然科学的特性

第2節　民俗考古学的研究方法　*145*

の利用形態として理解される。現認することが容易な民具や民俗事例を基に，同種の技術や機能を有する出土遺物を探索する研究が成立し得るのである。幾つかの例を挙げてみる。

●堅果類の乾燥処理，備蓄の痕跡──搗栗・どんぐりの「へそ」● 縄紋時代以降の諸遺跡から発掘される剝き身のクリや「どんぐり」を見て，そこに文化的意味があるように読み取る考古学研究者は，たぶん皆無であろう。仮の話だが，それを山深い所に住んで搗栗を作ったり「どんぐり」を食べたりした経験のある古老に見せたとしたら，彼らは一発でその正体を言い当てるに違いない。専門教育を受けた考古学研究者が実際に出土遺物を見ていながらわからないのは，民俗事例に目配りする視点が教科書に載っていないからである。

出土した剝き身のクリや「どんぐり」の「へそ」と共通するものを現代人の生活の中で探し当てることは難しいかも知れない。しかし発掘された剝き身のクリや「どんぐり」の「へそ」を見て，その正体を知るために参照すべき対象が民俗事例における植物性食料の利用方法にあると見当をつけることは可能であろう。そのようにして民俗事例に目配りするなら，出土遺物とそっくりな搗栗の存在に気付くに違いない。これは，と思える例に出会うことができたら自分で追体験してみるのがよい。百聞は一見に如かずというが，追体験はそれよりもさらに多くのことを教えるからである。自分が「どんぐり」の「へそ」が分離する背景に気付いたのも民俗事例の追体験によってであった。

皮が付いたクリを乾燥させ，搗いて皮を除くと「しわ」が刻まれた剝き身が取れるというのは，クリに備わった自然科学的特性である。科学的原理に基づいたその特性は時空を超えて不変に違いないから，出土遺物と民俗事例という時空間を遠く隔てたところに見出される両者に同質の変容が認められた場合，それぞれが同様の原因行為を受けて形成されたと判断できるわけである。つまり時空間を遠く隔てた両者の共通性は偶然ではなく質的に共通しているのである。このように理解すると，現在，われわれが民俗事例として目にすることができる「「しわ」が刻まれた剝き身」とか「小さな孔が貫通した剝き身」といった形でクリを長期保存する技術は，縄紋時代から途切れることなく受け継がれて現代に及んでいる，と理解するのが妥当という結論になるのである。

剝き身のクリや「どんぐり」は相当以前から発掘されていたが，それが形成

された背景は話題にもならず単に「炭化物」として扱われるに過ぎなかったし，「へそ」が何故に皮から分離するのか疑問すらもたれなかった。それらが民俗事例を参照する方法によって初めて，その成因が理解されるのである。

●認知されていないクリの「いが剝き」●　縄紋時代草創期から古代まで，九州から北海道までの多くの遺跡からクリが発掘されており，なかには何ℓも出土している遺跡もある。それなのに「いが剝き」と判別されている遺物は存在していないのである。それはクリの木の下には「いが栗」が落ちているという，当たり前の認識が素通りされているからである。まず遺物ありき，というところから出発すると掘り棒にしか見えない遺物も，必ず「いが剝き」を使う民俗事例から出発すると，すでに発掘されている「掘り棒」の中に「いが剝き」ではないかと疑われる格好の用具が見出されるのである。すなわち考古学界で良く知られている遺物の，認知されていない側面が民俗事例に基づいて浮上する一例である。

●遺物が物語っている煮たクリの食べ方●　第1章で触れたが，クリを煮て食べることは土器を使えば可能だから縄紋時代人も煮て食べたであろうことは容易に想像できる。しかしその証拠は発見されていない，と，認識されているのではなかろうか。そこで民俗事例，というよりもわれわれが煮たクリを食べるとき，クリの，どの部分に歯を当てて割るかという点に注意してみると，たぶん10人が10人，同じであろう。そのことを知ったうえで出土遺物を見ると，何のことはない，その証拠はすでに発掘されている。一部の報告書で，「平」とか「丸」と分類しているクリの皮は，われわれも行う煮たクリの食べ方を反映しているものである。現行の考古学研究法では発掘されたクリの皮の形状を精査して「平」とか「丸」と分類し，比率でも記載するのが精々だが，そんな既知の遺物の認知されていない側面が民俗事例を参照することによって判明する一例である。

●クルミを割った凹石●　昔から知られている凹石を，どれほど注視したとしても，その正体に肉薄することは困難であろう。しかし民俗事例を参照する視点を持ちさえすれば，その正体に接近できると思われる。

クルミの殻が発掘されている縄紋時代以降の遺跡は多い。その殻には縫合線から真半分に分割されている例が高率に認められるというのは，いまや考古学

界の共通認識である。試しに中身が入ったクルミを無作為に石の上に置いて叩き割ると，殻は細かく割れて中身と入り混じる。だから遺跡にクルミの殻を残した人々は縫合線から真半分に割る知識と技術を持っていたことがわかるが，それはいかなるものであったか。それを探究するときに参照すべきは民俗事例である。

　民俗事例では必ず縫合線から真半分に割る。それと同じ方法で縄紋時代以降の人々も割っていたのではないか，と推察すると既知の凹石が浮上するというのが本書第3章の骨子である。不変であるクルミの殻の自然科学的特性を利用している民俗事例が既知の石器の未知の機能に着目させた一例である。

　●硬い木の実を搗いた台石──多窪み石・搗き台石●　縄紋時代以降の遺跡から発掘される剝き身のクリや「どんぐり」，その「へそ」などは，民俗事例を参照すると稲作農耕技術が渡来する以前に，臼，杵に相当する道具が存在していたことを物語る。それがどのようなものであったかと未知の遺物を探索する方向に進んだ結果，既知の石器の未知の側面を明るみに出したのが本書第2章の「多窪み石」や「搗き台石」である。その類例が旧石器の中にも見出されることを述べたが，この研究も初めから終わりまで，民具や民俗事例を参照することで展開し得た考察である。

　●木を割った磨製石斧と鉄製の木割り楔●　縄紋時代，弥生時代の遺跡から，割られた大木や幅の広い板が発見されるし，古墳によっては甚だ大きな分割材を刳り貫いて作った木棺が発掘される。しかし，そんな出土遺物をいくら精査しても，それぞれの時代の人々がどんな道具で大木を割ったのかまでは解明できない。そこで参照するのは民俗事例の割り方や道具である。実際に木を割る様子を見たり聞いたりして，また民具に触れてみたり試してみたりして理解できることは多い。つまり縄紋時代以降の木割り楔を探索するためには，民俗事例の木割り方法や道具から接近を図る以外に方法はないのである。自分の場合は，そこで「木は縦方向に割り易い」という，樹木に備わっている不変の自然科学的特性が利用されていることと，必ず木口から割り始めることを知った。すると，あとは鉄器以前には何を使っていたか，ということになる。現行の考古学研究法では認知されることがなかった「木を割った磨製石斧」という新たな視点から既知の遺物の未知の側面を明らかにし，その類例が旧石器の中にも

見出されると論じたのが姉妹編『生活道具の民俗考古学』の第4章である。この研究も，結局のところ民具や民俗事例を参照するところから出発しているのである。

（2）民具や民俗的技術から
遡及するようにして出土遺物の製作技術を探究する研究

出土遺物の中には民俗的技術と何ら変わらない製作技術で形成されたと思われるものが存在している。そこから，遺物が形成された背景を究明するために，素材の自然科学的特性を利用して製作される民具，民俗的技術を援用する研究が考えられる。

●樹皮の採取法●　山深い集落で暮らしてきた高齢者から伝統的な樹皮採取法，利用法を教えていただくと，どのような形状の樹皮を必要とするかによって採取する木や蔓の種類を決め，最適な採取方法を選んだことがわかる。樹種の選択，採取法の決定，適期などはすべて樹木，樹皮の自然科学的特性という科学的原理を踏まえて行われているのである。そのような民俗事例の採取方法を追体験，疑似体験してみるとわかることだが，採取された樹皮や蔓皮の形状は必ずその採取方法を反映する。入手できる木や蔓の樹皮素材の形状は採取法によって異なったものになるという因果関係は樹皮の自然科学的特性に基づいており，それは科学的原理にしたがっているから時空を超えて不変である。だから発掘された樹皮製品を構成する素材の形状と，民俗事例で目にする樹皮素材の形状とは，それぞれの樹皮採取法をうかがわせるという意味で質的関連性がある。それゆえに，遺跡に残された樹皮製遺物の素材が採取された季節や方法が，民俗事例の採取時期や採取方法から類推することが可能になるのである。このように，縄紋時代以来の樹皮製遺物の素材が，どんな季節にどのような方法で採取されたのかは，民俗事例に基づかないかぎり理解する方途はないのである。樹皮採取法については前掲拙著（104〜140頁）で述べた。

●樹皮の「裏見せ横使い」●　出土遺物でありながら現行の考古学的研究法では理解が叶わず，民俗事例を参照しないかぎり半歩も近づくことができないのが樹皮の利用方法である。民具に使われる樹皮はすべて自然科学的特性を活かす形で利用されており，その特性と樹皮利用方法との深い関連性は時空を超えて不変である。そこから，発掘された樹皮製遺物や素材を残した人々が，それ

第2節　民俗考古学的研究方法　　*149*

をどのように利用しようとしたか，民具，民俗事例を援用することによって初めて理解することが可能となる。その好例が樹皮で曲げ物を作ったときに，その側板にする樹皮をわざわざ裏返しにして使う「裏見せ横使い」である。縄紋時代以降の人々がその製法を採用した理由を民俗事例から推察すると，彼らには樹幹の直径を超える大口径の曲げ物を作るとか，あるいは曲げ物の側板の形を整った円形にすることに狙いがあったことが理解できる。

　このように民具や民俗事例は縄紋時代以来の樹皮利用方法についても大きな示唆を与えるのだが，もちろん限界もあって，樹皮素材の採取，利用方法は理解できたとしても，それが何のために，どのように使われたか，民俗事例が存在しない場合は推定が困難である。

　●籠作り技術●　縄紋時代以降の遺跡から発掘される籠類は，ほとんどが断片であるため，そこから読み取れる情報は限定的である。しかし民具の籠類と比較検討すると縄紋時代以降の人々の造形技術が明らかになる場合は多い。籠類を作る手順として必ず底から作り始め，底を形成し終えた素材を上に起こし，それを経材として側面が形成され，口縁部を始末して仕上げる。その間，経材の数を奇数にするとか，その数を加減することで器形を変えるほか，底，側面，口縁部を形成する技術には各種があり，それらを自在に組み合わせることによって各様の形態が形成される。このような縄紋時代以降の断片的資料から推察するしかない籠作り技術は，民具の籠類と対比する方法によって初めて解明されるし，その文化的連続性を遡及することによって現代籠作り技術の起源にも接近できることになるのである。

　●古代人が薦を編んだ隔て編み●　万葉歌人が詠んだ歌に登場する「隔て編み」がどのような編み方か，国文学でも史学でも解明できない。しかし民具に残っている畳の祖型を参照すると，それが理解できるし，発掘された薦編み用の「重り」も民具と酷似していることで初めてその正体が判明し，使用方法が推察される。その「重り」が発掘されると詳細に計測され，実測図が報告書に掲載されるが，その「重り」を使うために不可欠な宙吊りにするための操作方法については全く取り上げられない。その操作方法も民具から判明するのである。

（3）未知，未見の遺物が存在した蓋然性と
その態様や意味を民俗事例に基づいて考察する研究

　最初から「在りもしない遺物」を追い求めたなら荒唐無稽だが，問題は「存在したはずなのに認知されていない遺物や技術」である。民具や民俗的技術から類推すると，或る機能をもった道具や技術が，既知の最古の該当遺物よりもさらに古い時代まで遡るものが存在している可能性がある場合，そういう未知，未見の遺物やその加工技術が存在する蓋然性や，その態様等について，民具や民俗的技術に基づいて考察する研究が考えられる。

　●「あく抜き」技術の開発順●　縄紋時代以降の諸遺跡から「あく抜き」しなければ食べられないトチや「どんぐり」が発掘されることは周知の事実だが，そのような木の実が採れる樹木が生育していた痕跡は旧石器時代の遺跡からも発見されている。しかし旧石器時代人が，そのような木の実を採集して食べた，あるいは「あく抜き」をして食べた物証は全く発見されていない。現行の考古学研究法によると，遺物が存在しない領域は研究対象にならないから思考はそこで停止するしかないだろうが自分の考え方は次のように違う。

　まず旧石器時代人たちは食べられる食料は食べたであろうと推測する。その食料が，もしも苦いとか，えぐいために食べ難いものであったとしたら，それを回避するための工夫をしたのではないかと，その方法について推測する。その推測にあたっては当時の人々が有していた技術力を超えないことを前提とするが，その有力候補となり得るのは民俗的技術で，この場合で言うと「あく抜き」技術に関わる民俗事例の全種類でなければならない。それは自分の研究によると４種類に絞られるが，その４種が，或る時期に一斉に開発されたとは考え難いから新旧の別があるだろうと推測する。その開発順を考察する方法として自分が考えたのは，「あく抜き」に必要な物質文化を考定し，その存在の有無に基づいて前後関係を推察する方法であり，考察の実際については本書第４章で述べたとおりである。

　遺構や遺物を研究対象とする現行の考古学研究法では着手が難しい領域も，民俗学や民具学の知見を援用することによって考察することが可能となる一例である。

　●縄紋時代人の履物推察●　縄紋時代人の履物も「存在したはずなのに認知さ

れていない遺物」である。その実態に接近するために着目したのは縄紋時代前期の山形県押出遺跡から発掘された小さな「ねこ編み」の編み物の破片だが，民具学に基づくと，これは張った芯縄の横から別な素材で編んで平面を形成する方法である。その平面形成技術と，民具の［ぞうり］や［わらじ］の底を形成する技術との近縁性を根拠として，縄紋時代人は履物の底を民具の［ぞうり］や［わらじ］のように作ることは容易だったに違いないと結論づけたのが姉妹編『生活道具の民俗考古学』の第5章である。

　この例は出土遺物としては直接的証拠が発見されていない研究対象も，民具や民具学の知見を参照する方法で考察し得ることを示した一例である。

　●終末期の甑以後●　甑は平安時代の或る時期から出土しなくなるというのは考古学的事実である。しかし，だからといって古代以降の人々が「蒸す」という調理方法を止めてしまったわけでないことは民俗事例から明らかである。つまり甑以後には「存在したはずなのに認知されていない遺物」が使われたのだが，それは何かと考えたのが本書第5章である。民具や民俗的技術を参照する方法に基づいて，発掘された木製品の中に，これまでの考古学研究法では認識されてこなかった［甑台］や［さな］と共通するものを見出した。

　●土器発明前夜の樹皮製容器●　この列島に登場した最初期の土器がユーラシア大陸からもたらされた証拠も，列島内で発明された証拠も発見されていない。そこで「存在したはずなのに認知されていない遺物」が関わっているのではないかと見て民具や民俗事例を基に考察を試みたのが姉妹編『生活道具の民俗考古学』の第6章である。水を漏らさぬ樹皮製容器を「なべ」として使い，食品を煮て食べたアイヌ民族の「樹皮なべ」を念頭に入れつつ，旧石器時代人の生活圏に生育していた樹木の中に「水を漏らさぬ樹皮製容器」の製作を可能にする樹種があったことを民具学に基づいて推定したのである。併せて彼らの所有する石器や技術力をもってすれば「水を漏らさぬ樹皮製容器」の製作は可能であることを論じ，その容器で調理が可能であることを実験で確かめた。その実験を通じて判明するのは，樹皮製容器は使い捨てにしなければならなかったことだが，その耐久性を増すため，旧石器時代人は樹皮製容器の焼損を予防したり修理したりするために不燃物である粘土を用いたのではないかという着想に至った。彼らは樹皮製容器に粘土を塗布する経験をとおして粘土の諸性質を学

習し，その蓄積が土器の発明につながったのではないかと推察されるが，これ
までのところ物的証拠は皆無なので試論とした。

　終章の冒頭で取り上げた濱田青陵によってもたらされたヨーロッパ流の考古
学研究法のうち「土俗学的方法」は，濱田によると「現存野蛮未開の諸人種の
土俗と比較して，古代人民の遺跡遺物の性質を明に」しようとするものである
というから，それは現代の「民族考古学」に相当する研究法であろう。それに
対して自分が本書で述べたのは，近代国家として発展してきた自国の民俗学や
民具学，時には歴史学の成果も取り込むことによって考古学的事実の究明に努
めようとする研究法であり，濱田が説く「土俗学的方法」とは明らかに別物で
ある。その考え方の基礎となっているのは次のような認識である。

　いつとは知れぬ遠古の昔から伝承されてきた民俗的諸技術の中には，対象物
や利用素材の自然科学的特性を利用しているものが甚だ多い。実際，出土遺物
の中には，民俗事例と同様の素材を用い，同様の自然科学的特性を利用した，
または利用しようとしたものが存在している。そうした状況の中で利用される
素材の自然科学的特性は時空を超えて不変だから，或る科学的原理がはたらい
た結果として形成された民俗事例と同質の出土遺物が存在した場合，その出土
遺物にも民俗事例と同質の科学的原理がはたらいたと推断できるのである。民
俗事例に認められる使用素材の自然科学的特性の利用方法や技術は，この列島
の住人がその素材や技術を使い始めたと想定される最初期段階まで遡及する可
能性があり，時には未見の遺物の存在を想定することを可能にする。

　濱田青陵によって教導されたヨーロッパ流の考古学研究法と違って，本書で
述べた民俗考古学的研究方法は産声を上げたばかりである。しかし自分は，民
俗学や民具学を参考にするこの研究方法に，現行の考古学研究法では接近が叶
わない領域を新たに拓き得る可能性を見出している。

第2節　民俗考古学的研究方法　　*153*

あ と が き

　本書ではまず，縄紋時代以降の人々による，食品の「乾燥処理・備蓄」技術
の例としてクリや「どんぐり」，トチなどの利用方法について考察した。どれ
も当時の人々の諸知識やそれに基づいて展開された諸技術を論じたものだが，
その裏付けとなったのは現代の民俗的技術である。その思考は，遺跡から出土
した遺物をどれほど注視しても理解が叶わない数千年以上も昔の遺物の正体が，
民具学や民俗学の研究成果を参考にすることによってよく理解できる場合があ
るという認識に基づいている。時間軸を遠く隔てた両者に文化的関連性を認め
るこの思考について，木の実を例にとると，この列島の住人たちが木の実を食
べ始めた当時から現代に至るまで，いつの時代の人も利用してきたのは木の実
の自然科学的特性だった。その特性は不変なのでその利用形態には古態が長く
残るはずだから，その継続性を民俗事例から遡ることによって当時の生活技術
の一端に肉薄することができる，といった理解に基づいている。そうした思考
が現行の考古学研究法に存在しないことは各所で触れた。

　クリや「どんぐり」を食べるためには皮を除かなければならないが，民俗事
例から類推すると縄紋時代人もクリや「どんぐり」を乾燥処理したうえで臼，
杵で搗いて皮を破り，捨てたと思われる。その方向で探索すると前掲拙著で明
らかにしたとおり実際に竪杵が発見されるし，乾燥処理した「どんぐり」を搗
いて皮を除いたことを裏付ける物証の「へそ」も発掘される。本書では，それ
を受けて臼の役割を果たす石器について考察して，窪みを設けずに使う「搗き
台石」の存在を明らかにし，それが縄紋時代ばかりでなく旧石器時代の遺跡か
らも発掘されていること，それに「石杵」を含む杵が伴うであろうことも指摘
した。

　そのような旧石器時代の「搗き台石」や「石杵」は，当時の人々による植物
性食料の利用形態の一端をうかがわせる遺物だが，自分の注意を引いたのは
「搗き台石」の中には携行が困難と想像される 4 kgを超える重量物があること
だった。旧石器時代人は木の実を利用するときにしか使わない重い生活財その

あ と が き　　155

他を宿営地に置いたり埋めたりして立ち去り，翌年，木の実が落ちる季節に同じ場所に回帰，滞在して再び使うといった，拠点と道具の季節的利用をしていた可能性が高い。それを根拠に類推すると，四季の移ろいがはっきりしている環境下では，秋に河川を遡るサケ，冬眠するクマ，湖沼に飛来する渡り鳥といった季節的に獲得し易い獲物の捕獲に好適な拠点が選定されていた可能性が高いのではないか。旧石器時代人の生活スタイルを表現するときに必ず説かれるのが「遊動」という表現だが，その実際は表現から受ける印象とは異なって，経験に基づいて定められた拠点間を移動する形態が組み込まれていたのではなかろうか。

　ある種の木の実を食べるためには「あく抜き」技術が必要である。しかしこれまでの考古学研究で扱われてきた「あく抜き」技術は縄紋時代前期あたりまでしか遡らないというものだった。本文で触れたように「あく抜き」は食料を増やすことに等しい技術だから，その獲得は，この列島の住人たちの生活に多大な影響を与えたと思われる。そこで自分は考古学研究上の意義を明らかにするためには「あく抜き」についての通説を根本から見直す必要があると考え，まず民俗事例で行われてきた「あく抜き」技術を4種に分類した。そのうえで，その4種は段階的に開発されてきたものと推察し，各段階の「あく抜き」技術が必要とする物質文化を押さえることによって新旧の別を明らかにしようとした。それによって旧石器時代人が行ったかも知れない「あく抜き」技術を推察する方途を準備したつもりである。旧石器時代に「あく抜き」技術が存在した証拠が発見されていないことは承知しているが「民俗考古学的研究方法」を採るとどんなことが言えるかという試考である。

　「甑以後の事」も民具，民俗的技術を参照しない限り一歩も接近できなかった領域の考察例である。遺跡から姿を消す直前段階の甑を「終末期の甑」としてとらえ，そこに共通している外見上の特徴に基づいて，それらが水を張った堝や鍋の中に立てて使われたと論じた。それが発掘されなくなるのは木製品に交代したためであり，それがどのような木製品であったかという点について，やはり民具に基づいた推察を試みた。

　このように見てくると出土遺物をどれほど精査しても追究が手詰まりになる場合があること，それが民具学や民俗学の研究成果を参照することによってそ

156

の究明が進む場合があることは確実である。考古学的事実を理解するうえで民具や民俗的技術を参照することが有効であるという問題提起は自分の創見でなく，前掲拙著で述べたように杉山寿栄男によってすでに提示されている。しかしそれを七十数年もの間，評価の埒外に放置してきた日本考古学は，クルマに例えるなら車輪の一つを欠いたまま走行してきたようなものである。「民俗考古学的研究方法」に基づいて諸テーマを論述した本書と姉妹編『生活道具の民俗考古学—籠・履物・木割り楔・土器—』が，現行の考古学研究法とは異なる角度からの新たな研究に少しでも役立つなら幸いである。

　2019年 6 月

名 久 井 文 明

引 用 文 献

青森県埋蔵文化財調査センター編 2006『近野遺跡Ⅸ』

上松町教育委員会編 1995『お宮の森裏遺跡』

朝日村教育委員会編 2002『元屋敷遺跡Ⅱ（上段）図面図版編』

石狩市教育委員会編 2005『石狩紅葉山49号遺跡発掘調査報告書　第2分冊 実測図版編』

石川県立埋蔵文化財センター編 1989『金沢市米泉遺跡』

石川県立埋蔵文化財センター編 1990『小松市高堂遺跡』

茨城県教育財団編 2006『田島遺跡』

岩泉町教育委員会編 1978『森ノ越遺跡』

岩泉町教育委員会編 2006『豊岡Ⅴ遺跡』

岩手県埋蔵文化財センター編 1988a『飛鳥台地Ⅰ遺跡』

岩手県埋蔵文化財センター編 1988b『馬立Ⅰ・太田遺跡発掘調査報告書』

岩手県埋蔵文化財センター編 2003『細谷地遺跡発掘調査報告書　第4・5次調査』

岩手県埋蔵文化財センター編 2005『滝の沢地区遺跡発掘調査報告書』

岩手県埋蔵文化財センター編 2007『飯岡才川遺跡　第8・9次発掘調査報告書』

岩手県埋蔵文化財センター編 2009『岩洞堤遺跡発掘調査報告書』

岩手県埋蔵文化財センター編 2013『下嵐江Ⅰ遺跡・下嵐江Ⅱ遺跡発掘調査報告書』

岩手県埋蔵文化財センター編 2014『新田Ⅱ遺跡発掘調査報告書』

岩手県立博物館編 1989『岩手の雑穀　北部北上山地にコメ以前の文化を探る』調査研究報
　　告書第五冊

上江洲均 1987『南島の民俗文化』ひるぎ社

上野秀一 1989「札幌市Ｋ135遺跡4丁目地点出土のクリについて」『プロジェクト　シーズ
　　ニュース№2』北海道大学文学部　基礎文化論講座　人類学　吉崎研究室

内田武志・宮本常一編 1973『菅江真澄全集』第4巻，未来社

江坂輝弥編 1976『沖ノ原遺跡』津南町文化財調査報告書№10

えびの市教育委員会編 1997『田代地区遺跡群　上田代遺跡 松山遺跡 竹之内遺跡 妙見原遺
　　跡』

江馬三枝子 1975『飛騨白川村』未来社

大方町教育委員会編 1992『竹シマツ遺跡　宮崎遺跡』

大月町教育委員会編 2001『ナシケ森遺跡』

大野亨ほか 2000『人首沢遺跡・毛合清水（3）遺跡・大仏遺跡』八戸市教育委員会

小矢部市教育委員会編 2007『桜町遺跡発掘調査報告書　木製品・繊維製品・植物編』

香川県教育委員会編 1995『上天神遺跡　第1分冊』

鹿児島県立埋蔵文化財センター編 2004a『東免遺跡 曲迫遺跡 山神遺跡』

鹿児島県立埋蔵文化財センター編 2004b『大原野遺跡』

鹿児島県立埋蔵文化財センター編 2007『仁田尾中A・B遺跡（第2分冊）』

笠懸町教育委員会編 2003『西鹿田中島遺跡発掘調査報告書（1）』

加世田市教育委員会編 1998『栫ノ原遺跡』

かながわ考古学財団編 1997『吉岡遺跡群Ⅳ　旧石器時代2 縄文時代1』

かながわ考古学財団編 1999『吉岡遺跡群Ⅸ　考察編 自然科学分析編』

かながわ考古学財団編 2004『用田南原遺跡』

北橘村教育委員会編 2001『道訓前遺跡』

京都大学文学部国語学国文学研究室編 1968『諸本集成　倭名類聚抄（本文編）』

国香よう子 1980『南部絵巻物——陸奥の土風』熊谷印刷出版部

黒板勝美・国史大系編修会編 1989『交替式・弘仁式・延喜式 前編』吉川弘文館

黒板勝美編 1992a『延喜式 中編』新訂増補国史大系（普及版）吉川弘文館

黒板勝美編 1992b『延喜式 後編』新訂増補国史大系（普及版）吉川弘文館

群馬県埋蔵文化財調査事業団編 1989『有馬遺跡Ⅰ　大久保B遺跡』

群馬県埋蔵文化財調査事業団編 1992『矢田遺跡Ⅲ』

群馬県埋蔵文化財調査事業団編 2008『上武道路・旧石器時代遺跡群（1）』

群馬県埋蔵文化財調査事業団編 2009『横壁中村遺跡（9）』

群馬県埋蔵文化財調査事業団編 2012『横壁中村遺跡（12）』

高知県埋蔵文化財センター編 2002『田村遺跡群・緑の広場調査報告書』

神戸市教育委員会編 1990『楠・荒田町遺跡Ⅲ』

佐伯安一 2001「トチのアク抜き」『桜町遺跡調査概報』桜町遺跡発掘調査団編

佐々木長生 2000「南会津地方のドングリ食—只見町シダミ餅—」『会津の民俗』第30号

佐藤和利 1989「オホーツク文化期の竪穴住居跡に伴った植物性食料」『プロジェクト　シーズ ニュース№2』北海道大学文学部　基礎文化論講座 人類学　吉崎研究室

静岡県埋蔵文化財調査研究所編 1998『高見丘Ⅲ・Ⅳ遺跡』

静岡県埋蔵文化財調査研究所編 2008『上ノ平遺跡　掛川市—2（第2分冊）』

静岡県埋蔵文化財調査研究所編 2010『富士石遺跡Ⅰ　旧石器時代（ＡＴ下位）編』

静岡県埋蔵文化財調査研究所編 2011『桜畑上遺跡Ⅱ　第1分冊』

杉山寿栄男 1927「石器時代の木製品と編物」『人類学雑誌』第42巻第8号

杉山寿栄男・喜田貞吉 1932『日本石器時代植物性遺物図録』

杉山寿栄男 1942『日本原始繊維工芸史（土俗編）』雄山閣

瀬戸口望 1981「東黒土田遺跡発掘調査報告」『鹿児島考古』第15号

芹沢長介・須藤隆 2003『荒屋遺跡　第2・3次発掘調査報告書』

仙台市教育委員会編 1983『茂庭』

仙台市教育委員会編 1996『中在家南遺跡他　第1分冊　本文編』

多賀城市埋蔵文化財調査センター編 1990『市川橋遺跡』

竹内理三編 1964『寧楽遺文　中巻』東京堂出版

橘礼吉 2015『白山奥山人の民俗誌――忘れられた人々の記録』白水社

田中祐二 2002「鳥浜貝塚出土の石器群（1）――草創期石器群の器種分類」『鳥浜貝塚研究』3

玉川文化財研究所編 2003『神奈川県小田原市　羽根尾貝塚』

田原本町教育委員会編 2009『唐古・鍵遺跡　範囲確認調査』

茅野市教育委員会編 1990『棚畑』

辻稜三 1989「わが国の山村における堅果類の加工に関する文化地理学的研究」『立命館文学』第510号

東京都埋蔵文化財センター編 2005『多摩ニュータウン遺跡――№72・795・796遺跡』

富山県埋蔵文化財センター編 1986『七美・太閤山・高岡線内遺跡群発掘調査概要（4）』

長岡市教育委員会編 1996『中道遺跡―第2次発掘調査概報―』

長野県教育委員会編 1979『茅野市・原村　その2』

長野県埋蔵文化財センター編 2000a『―信濃町内　その一――貫ノ木遺跡・西岡A遺跡　旧石器時代　遺構・遺物図版編』

長野県埋蔵文化財センター編 2000b『―信濃町内　その一――貫ノ木遺跡・西岡A遺跡　旧石器時代　本文編』

長野県埋蔵文化財センター編 2000c『―信濃町内　その一―日向林B遺跡・日向林A遺跡・七ツ栗遺跡・大平B遺跡　旧石器時代　本文編』

長野県埋蔵文化財センター編 2000d『松原遺跡　古代・中世　図版編』

長野県埋蔵文化財センター編 2004『仲町遺跡　第1分冊』『同　第2分冊』

長野県埋蔵文化財センター編 2005a『聖石遺跡 長峯遺跡（別田沢遺跡）　第2分冊 聖石遺跡　図版編』

長野県埋蔵文化財センター編 2005b『聖石遺跡 長峯遺跡（別田沢遺跡）　第3分冊 長峯遺跡（別田沢遺跡）　図版編』

中村孝三郎 1960『縄文早期小瀬ケ沢洞窟』長岡市立科学博物館考古研究室

中村孝三郎 1988『根立遺跡発掘調査報告』三島郡三島町教育委員会

名久井文明 1986「東北地方北部の蒸し器二種」『民具研究』第62号

名久井文明 1987「わが国甑の伝統と渡来に関する一予察」『岩手県立博物館研究報告』第5号

名久井文明 1999『樹皮の文化史』吉川弘文館

名久井文明 2004「乾燥堅果類備蓄の歴史的展開」『日本考古学』第17号，日本考古学協会

名久井文明 2006「トチ食料化の起源―民俗例からの遡源的考察―」『日本考古学』第22号，日本考古学協会

名久井文明 2012『伝承された縄紋技術─木の実・樹皮・木製品─』吉川弘文館

名久井文明 2019『生活道具の民俗考古学─籠・履物・木割り楔・土器─』吉川弘文館

名久井文明・名久井芳枝 2001『山と生きる 岩手県九戸郡山形村小国 内間木安蔵家の暮らし』一芦舎

新潟県埋蔵文化財調査事業団編 2004『青田遺跡（図面図版編）』

新潟県埋蔵文化財調査事業団編 2015『箕輪遺跡Ⅱ』

新潟市文化財センター編 2016『沖ノ羽遺跡Ⅳ　第19・22・24次調査 図面図版編』

沼津市教育委員会編 1975『元野遺跡発掘調査報告書』

塙保己一編 1982『群書類従・第二十八輯雑部』続群書類従完成会

塙保己一編 1983『群書類従・第九輯文筆部 消息部』続群書類従完成会

浜田耕作 2004『通論考古学』雄山閣出版

浜松市博物館編 1997『下滝遺跡群　実測図版編』

原村教育委員会編 2005『比丘尼原遺跡（第2次発掘調査）』

福岡市教育委員会編 1994『中南部（3）』

福島県教育委員会編 1988『真野ダム関連遺跡発掘調査報告ⅩⅠ』

藤沢宗平・小松虔 1959「五斗林遺跡について」『信州ローム』No. 6

富士宮市教育委員会編 2018『史跡大鹿窪遺跡発掘調査総括報告書（第1分冊）』

藤森栄一 1965『井戸尻　長野県富士見町における中期縄文時代遺跡群の研究』

北海道埋蔵文化財センター編 1998『千歳市キウス5遺跡（5）A-2地区　第2分冊』

前田博仁 1987「照葉樹林文化の宮崎」『宮崎県地方史研究紀要』14輯，宮崎県立図書館

松山利夫 1982『木の実』ものと人間の文化史47，法政大学出版局

三重県埋蔵文化財センター編 2008『大原堀遺跡発掘調査報告　第2・3次調査』

三島市教育委員会編 1999『初音ケ原遺跡』

宮川村自分史をつづる会編 1989『ふるさとを味わう─宮川村の食文化─』みやがわ叢書第3集

宮城県教育委員会編 1984『東北自動車道遺跡調査報告書Ⅸ』

宮古市北上山地民俗資料館編 2016「聞き取り調査の報告　糸を通して干したクリについて」『資料館だより』No. 22

都城市教育委員会編 2012『王子山遺跡』

宮崎県埋蔵文化財センター編 2007a『牧内第1遺跡（一次～三次調査）』

宮崎県埋蔵文化財センター編 2007b『勘大寺遺跡（二次調査）』

山形村（長野県）教育委員会編 2009『下原遺跡　三夜塚遺跡Ⅳ』

大和市№199遺跡発掘調査団編 2008『上草柳遺跡群大和配水池内遺跡Ⅰ発掘調査報告書』

山梨県埋蔵文化財センター編 2000『古堰遺跡・大林上遺跡・宮の前遺跡・海道前C遺跡・大林遺跡』

横浜市ふるさと歴史財団埋蔵文化財センター編 1995『川和向原遺跡　原出口遺跡』

吉野谷村教育委員会編 1997『吉野谷の石器時代（Ⅲ）』
脇田雅彦 2003『廻間の食と暮らし』春日井市教育委員会
渡辺誠 1989「トチのコザワシ」『名古屋大学文学部研究論集』104

著者略歴

1942年　東京都に生まれる
1965年　国學院大學文学部史学科卒業
現在　物質文化研究所一芦舎代表
〔主要著書〕
『九十歳　岩泉市太郎翁の技術』（一芦舎，1995年）
『樹皮の文化史』（吉川弘文館，1999年）
『山と生きる　岩手県九戸郡山形村小国 内間木安蔵家の暮らし』（共著）
（一芦舎，2001年）
『地域の記憶　岩手県葛巻町小田周辺の民俗誌』（一芦舎，2008年）
『伝承された縄紋技術—木の実・樹皮・木製品—』（吉川弘文館，2012年）

食べ物の民俗考古学　木の実と調理道具

2019年（令和元）10月20日　第1刷発行

著　者　名久井文明

発行者　吉　川　道　郎

発行所　株式会社　吉川弘文館
〒113-0033 東京都文京区本郷7丁目2番8号
電話 03-3813-9151〈代〉
振替口座 00100-5-244
http://www.yoshikawa-k.co.jp/

印刷＝亜細亜印刷株式会社
製本＝株式会社 ブックアート
装幀＝河村誠

©Bummei Nakui 2019. Printed in Japan
ISBN978-4-642-08204-4

JCOPY 〈出版者著作権管理機構 委託出版物〉
本書の無断複写は著作権法上での例外を除き禁じられています．複写される
場合は，そのつど事前に，出版者著作権管理機構（電話 03-5244-5088，FAX
03-5244-5089，e-mail: info@jcopy.or.jp）の許諾を得てください．

名久井文明著

生活道具の民俗考古学

——籠・履物・木割り楔・土器——

本体四五〇〇円（税別）

〈本書の内容〉

現代籠作り技術の起源
編み、組み技術の研究史
編み、組み技術伝承の永続性と広域分布——「網代組み」を例として
民具の籠類に受け継がれた縄紋時代起源の諸技術

こも編み・隔て編み
古代の畳薦
民具の薦編み
隔て編み
万葉時代の薦編み用具推察

樹皮製曲げ物を作る側板の「裏見せ横使い」
民具の樹皮製曲げ物に見る表裏の使い分け
発掘された樹皮製曲げ物の「裏見せ横使い」
縄紋時代から現代へ受け継がれた「裏見せ横使い」

木割り楔の時空間的展開
木口から大木を割る現代の民俗事例
発掘された木割り楔
「太型蛤刃石斧」の機能と柄の用法推察
縄紋時代草創期および移行期の木割り楔
後期旧石器時代の木割り楔推察

縄紋人の履物を推理する
民具の履物
縄紋人の履物を推理する

土器の発明——試論
民具が示唆する最初期の「水を濡らさぬ容器」とその機能
後期旧石器時代人が「水を漏らさぬ容器」を必要とした理由（推察）
後期旧石器時代人は「水を漏らさぬ容器」を製作できたか
調理に使える「水を漏らさぬ樹皮製容器」
「水を漏らさぬ樹皮製容器」の機能確認実験

吉川弘文館

名久井文明著

伝承された縄紋技術
―木の実・樹皮・木製品―

A5判・二四〇頁
五五〇〇円

木の実のあく抜きや樹皮利用、籠の作製技術など、縄紋時代から現代まで継承されてきた文化がある。岩手県北上山地をフィールドに、原始の記憶を秘めた、さまざまな技術の存在を「民俗考古学」の手法で明らかにする。

樹皮の文化史
（歴史文化セレクション）

A5判・二八六頁
三八〇〇円

かつて樹皮は日常的に使用されていた。暮らしの中での利用法を古老からの聞き取りに学び、加工技術の全容を明らかにする。さらに縄紋時代から近現代までの樹皮利用例を考察し、日本の樹皮加工技術文化を体系づけた。

吉川弘文館
（価格は税別）